카페 창업
제대로 알고 시작하기

큰글자책 1쇄 발행 2024년 2월 14일

도서명 [큰글자책] 카페 창업 제대로 알고 시작하기
지은이 김종윤
펴낸이 류종렬
편집 · 디자인 이다경, 김가영, 신은서, 박유진, 윤가희, 정보미
펴낸곳 미다스북스
기획위원 임종익
제작처 미다스북스
주소 서울 마포구 양화로 133 서교타워 711 호
전화 02-322-7802
팩스 02-6007-1845
전자우편 midasbooks@hanmail.net

공급 및 판매처
제작 : (주)부건애드
주문 : 한국출판협동조합 kbook.biz 플랫폼
전화 : 070-7119-1731, 070-7711-0834
팩스 : 02-716-6769

ISBN 979-11-6910-502-6
정가 23,000 원

카페 창업
제대로 알고 시작하기

돈 버는 카페 창업을 위한 핵심 전략

김종윤 지음

미다스북스

바리스타 자격증, 제과제빵 기능사 자격증을 배워서

카페를 창업한다는 건 현실적으로 불가능하다.

카페 창업을 준비하는 사람이라면

절대 자격증을 배우고 창업해서는 안 된다.

이는 사고 날 줄 알면서 8차선 도로에 뛰어드는 것과 같다.

프롤로그

이것만 알면 카페 창업 실패하지 않는다!

바야흐로 카페 창업 전성시대이다. 많은 사람이 1인 창업, 소자본창업으로 '카페 창업'을 선택하고 있다. 6평 매장에서 월 순수익 400만 원을 벌고 있는 사장도 있고, 7평 매장에서 직원 6명을 데리고 일하는 사장도 있다.

대부분 유튜브를 통해 이런 내용들을 보면 현실성이 떨어진다고 느낀다. 주변에는 카페 창업을 시작해서 잘 되는 사람보다 힘들다고 하소연하는 사람들이 더 많기 때문이다.

그런데 카페 창업은 정말 힘든 걸까? 정말 남들이 말하는 것처럼 경쟁이 치열하고 포화 상태일까?

나는 20년 이상 학원 업계에서 일하고 있다. 그리고 지금은 광주에서 '카페 창업 실무 교육 학원'을 운영하고 있다. 3년 정도 학원을 운영하면서 지금까지 등록한 수강생이 3,000명을 넘었다. 상담을 진행한 인원을 고려하면 10,000명은 족히 넘는다.

나는 수많은 사람과 상담하면서 공통적으로 잘못 알고 있는 것들이 많다는 것을 알았다. 그래서 상담자들에게 잘못 알고 있는 것은 무엇인지, 반드시 알아야 하는 것은 무엇인지 알리고 있다.

하지만 여전히 많은 사람이 잘못된 정보로 카페 창업을 준비하면서 실패의 늪에 빠지고 있다. 카페 창업은 어떻게 준비하고 시작하느냐에 따라 이미 결과가 결정된다.

그래서 나는 좀 더 많은 사람에게 카페 창업을 위해 꼭 필요한 것은 무엇인지, 잘못 알고 시작하는 건 무엇인지 정확하게 알려야겠다고 생각했다. 그래서 책을 쓰기로 했다. 카페 창업을 준비하는 예비 창업가들이 이 책을 읽고 준비한다면 최소한 실패하지 않는 카페를 창업할 수 있다고 확신한다. 좀 더 나아가 반드시 성공하는 카페를 만들 수 있다고 확신한다.

먼저 카페 창업을 준비하는 사람들이 대부분 잘못 알고 있는 것은 무엇일까. 우리나라에는 노동부에서 지원하는 '국비 지원 제도'라는 것이 있다. 청년층, 중/장년층을 비롯해 근로자, 실업자들을 대상으로 국가에서 교육비를 지원해 주는 제도이다.

교육비를 지원해 주는 제도이다 보니 많은 근로자, 구직자들이 해당 제도를 통해 교육받는다. 하지만 이들이 모르는 사실이 하나 있다. 대부분 '지원'이라는 이 단어로 인해 '우물 안 개구리'가 된다.

가장 많은 사람이 알고 있는 '국비 지원 제도'는 노동부에서 지원하는 '내일 배움 카드 제도'이다. 내일 배움 카드 제도에 대해 정확히 이해하기 위해서는 국비 지원 교육 기관들이 어떻게 승인받고 운영하는지 그 실상을 알아야 한다.

먼저 국비 지원 교육 기관을 운영하기 위해서는 학원을 설립해야 한다. 학원 설립 후 노동부를 통해 훈련 기관 코드 번호를 부여

받고 국비 지원 훈련 기관 신규 신청 시기에 맞춰 접수한다.

국비 지원 훈련 기관으로 신청한 이후 특별한 결격 사유가 없으면 국비 지원 훈련 기관으로 승인된다. 그러면 나라에서 교육비를 지원받으며 교육할 수 있는 국비 지원 훈련 기관이 되는 것이다.

그런데 여기서 알아야 할 것은, 아무런 제약 사항 없이 무조건 신청만 하면 국비 지원 교육 기관이 될 수 있는가이다. 당연히 나라에서 교육비를 지원해 주는 만큼 무분별한 예산 지원의 남용을 막기 위한 제약 사항이 존재한다.

교육 기관마다 각자 다른 방식으로 교육을 진행하면 정상적인 교육을 진행하는지, 부정한 방법으로 교육을 진행하는지 알 수가 없다. 그러면 관리 감독을 할 수 없는 상황에 놓이게 된다.

그래서 공통적인 기준으로 훈련 기관을 관리할 수 있는 시스템을 만들어야 하는데, 바리스타 제과제빵 관련 분야에서의 공통적인 기준은 '자격증'이다.

그런 이유로 내일 배움 카드를 발급받아 학원을 알아보면 바리스타 자격증, 제과제빵 기능사 자격증에 대해서만 알 수 있는 것이다.

자격증은 국가자격증이든, 민간자격증이든 시험에 관한 기준이 정해져 있다. 그래서 기준에 맞는 교육을 진행하면 적정한 교육으로 인정받고, 기준을 벗어나면 부정 훈련이 된다.

내용을 정리해 보자. 국비 지원 과정을 운영하기 위해서는 노동부를 통해 자격증 교육을 승인받아야 하고, 승인 이후에는 자격증 과정을 운영하며 교육비를 지원받게 된다. 이것이 바로 국비 지원으로 운영되는 내일 배움 카드 지원 시스템이다.

물론 내일 배움 카드로 배울 수 있는 모든 직종의 훈련이 자격증에 국한된 것은 아니다. 지금 설명한 내용은 바리스타, 제과제빵 분야에 한정된 내용이라는 것을 이해해 주길 바란다.

그러면 대부분 카페 창업을 어떻게 준비하고 시작하는지 예상해 볼 수 있다. 바리스타 및 제과제빵을 배우려는 사람들은 국비 지원을 받아서 배우려고 한다. 그리고 인터넷, 유튜브, 지인을 통해 내일 배움 카드 제도에 대해 알게 된다. 그러면 내일 배움 카드를 신청하고 발급 기간 동안 학원을 알아본다.

앞서 언급한 것처럼 내일 배움 카드를 가지고 학원을 알아보면 자격증 학원으로 알아본다. 그렇게 바리스타 및 제과제빵 자격증 수업을 배우고 당당하게 카페 창업을 시작한다.

지금 설명한 내용이 대부분 카페 창업을 준비하면서 밟고 있는 절차이다. 그런데 문제는 배우려는 사람이 국비 지원으로 진행하는 자격증 수업에서 어떤 내용을 배우는지 전혀 모른다는 것이다. 단지 지원 받아서 배울 수 있으니 좋은 걸까? 카페 창업 시 투자되는 비용이 최소 수천~수억 원에 이르는데 자신이 배우는 내용이 어떤 것인지 정확하게 알지 못하고 시작하는 실정이다.

그래서 먼저 바리스타 자격증은 어떤 자격증인지 알려주고자 한다. 바리스타 자격증은 국내, 국제 자격증으로 나누어져 있으며, 모든 자격증은 민간자격증으로 분류되어 있다. 혹시라도 주위에서 국제 자격증이 국내 자격증보다 인지도가 높고 더 알아준다고 말하면 그냥 무시해라. 그런 헛소리에 수천만 원 이상의 비용을 투자하는 건 정말 어리석은 일이다.

그동안 국제 자격증이 국내 자격증에 비해서 좋은 점은 단 한 가지 이유였다. 민간자격증의 특성상 대부분의 자격증은 갱신을 해야 한다. 시기는 협회마다 차이가 있지만 보통 유효기간은 2년 ~3년이다. 하지만 국제 자격증으로 만들어진 자격증은 갱신이 없다.

그러면 국내 자격증은 갱신해야 하고, 국제 자격증은 갱신하지 않아도 되는 데는 이유가 있지 않을까? 있다. 바로 응시료 때문이다. 국내 자격증보다 비싼 응시료를 책정해서 갱신하지 않아도 되는 자격증으로 만든 것이다. 단지 이것뿐이다(요즘은 국내 자격증도 갱신하지 않는 추세로 바뀌고 있다).

하지만 온라인상에 퍼지는 불특정 다수들의 허무맹랑한 목소리로 인해 배우는 사람들이 혼란을 겪고 있다(그래도 바리스타 자격증이 필요하다고 생각한다면 왜 수많은 카페에서 일하는 아르바이트생들은 자격증 없이 일할 수 있는지 생각해 보길 바란다).

그러면 바리스타 자격증에서 배우는 내용은 무엇일까? 한마디로 정리하자면 바리스타 자격증은 '장비'를 '어떻게' 사용하는가에 대해 배우는 교육이다. 이 말을 다른 예로 설명해 볼까 한다.

운전하려면 운전면허증을 취득해야 한다. 운전면허증을 취득하기 위해서는 필기시험에 합격해야 하고 실기 시험도 치러야 한다. 필기와 실기 시험을 모두 합격하면 마지막 실전을 위한 도로 주행까지 통과해야 한다. 그래야만 비로소 운전면허증을 발급받을 수 있다.

그런데 운전면허증을 취득하려고 학원을 방문했는데 핸들을 어떻게 움직이는지, 기어 변속은 어떻게 하는지, 가속 페달과 브레이크 페달은 어떻게 사용하는지 가르치면 운전면허증을 취득할 수 있을까?

만약 이 부분에 대해서 동의하는 사람이 있다면 얼마든지 바리스타 자격증을 공부해도 된다. 하지만 대부분 동의하지 못할 것이다. 왜냐하면 99.9999% 사고가 발생하기 때문이다. 바리스타 자격증이 바로 이런 수업이다.

실무에서는 전혀 도움 되지 않는 장비 사용법만을 가르치고 배우는 게 바리스타 자격증 수업이며 많은 사람이 자격증을 취득하고 실전에 뛰어들고 있다. 이렇게 배운 사람들이 카페 창업을 시작하면 카페가 잘 돌아갈 수 있을까? 결과는 불 보듯 뻔하다.

제과제빵 분야도 마찬가지이다. 제과제빵 기능사 자격증을 배우려는 사람 중 어떤 재료를 가지고 수업하는지 관심 갖는 사람이 거의 없다. 최소한 어떤 재료들로 자격증 시험이 진행되는지만 알아도 창업과 자격증은 관련 없다는 것을 알 수 있다.

맛이 떨어지는 재료를 사용하면 당연히 맛이 없고 판매 가치가 떨어진다. 이런 제품을 판매할 자신 있는가.

지금까지 살펴본 바와 같이 바리스타 자격증, 제과제빵 기능사 자격증을 배워서 카페를 창업한다는 건 현실적으로 불가능하다. 카페 창업을 준비하는 사람이라면 절대 자격증을 배우고 창업해서는 안 된다. 이는 사고 날 줄 알면서 8차선 도로에 뛰어드는 것과 같다.

만약 그렇게라도 돈을 낭비하고 싶다면 차라리 기부에 동참하길 바란다. 좋은 곳에 돈을 쓰면 좋은 일이 생길 수 있으니 얼마나 보람된 일인가.

이 책은 총 4장으로 구성되어 있다. 1장에서는 카페 창업이 실패하는 이유와 준비 과정에 필요한 내용을 담았다. 실패를 줄이는 가장 효과적인 방법이 실패의 원인을 아는 것이다. 2장에서는 성공적인 카페 창업을 위해 반드시 지켜야 할 원칙을, 3장에서는 효과적인 카페 운영을 위한 노하우를 담았다. 그리고 마지막 4장에서는 성공적인 카페 창업을 위한 5가지 필승 전략을 정리했다.

카페 창업은 어떻게 준비하고 시작하느냐에 따라 결과가 보인다. 카페 사업은 여전히 괜찮은 사업으로 손꼽히고 있지만 시작을 잘못해서 실패한다. 실패의 원인을 알고 카페 창업에 필요한 것이 무엇인지 깨닫는다면 최소한 실패로부터 벗어날 수 있다고 확신한다.

실패하지 않는 카페 창업, 성공적인 카페 창업을 위해 반드시 알아야 할 '카페 창업 성공 지침서'를 지금부터 공개하도록 하겠다.

이미 잘못된 선택으로 시작했다면 잘못된 결과만 나타날 뿐이다.

목차

3장 카페 마케팅의 핵심은 '고객'이다

4장 돈 버는 카페 창업을 위한 5가지 핵심 전략

1장

돈 버는 카페는
시작부터 다르다

01

카페 창업 왜 실패하는가?

카페 창업을 준비하는 사람들이 이구동성으로 하는 말이 있다. 신기할 만큼 같은 질문을 한다. "지금 카페 창업하면 괜찮을까요?", "카페는 지금 너무 포화 상태 아닌가요?" 그럼 나는 왜 카페 창업을 생각하게 되었는지 되묻는다. 걱정도 많고 포화 상태라고 느낀다면 왜 굳이 카페 창업을 준비하려고 하는지 궁금해서다.

그러면 대부분 예전부터 하고 싶었던 것이고, 자신은 잘 할 수 있을 것 같고, 1인 창업으로 적당하다고 생각했고, 가진 자본금으로 할 수 있는 사업이라고 말한다. 모두 그럴싸한 이유로 카페 창업을 생각한다. 그럴 때 내가 한 가지 더 물어보는 질문이 있다.

"지금 카페들은 잘 되고 있을까요? 안 되고 있을까요?" 대부분이 '안 되는 것 같다.'라고 답한다.

그럼 이런 대답을 하는 사람들은 어떤 이유로 카페가 안 된다고 생각할까. 카페를 운영해 본 적 없고, 카페와 관련 있는 사람들도 아니다. 그런데 어떤 이유로 카페가 안 된다고 생각하는 걸까. 이유는 단순하다. "주변에서 그렇게 얘기하니까."

실제로 카페 창업 상담을 하게 되면 '주변에서 이렇게 말한다.'라고 말하는 사람들이 많다. 창업 준비를 하는 사람들이 창업에 필요한 정보를 주위 사람들에게 얻고 있다. 그것도 전혀 관련 없는 사람들로부터.

직접 알아볼 수 있는 곳은 없고, 그나마 친분 있는 사람들을 통해 창업 정보를 얻고 있는 셈이다. 그리고 카페 창업에 필요한 교육을 알아보기 위해 학원을 찾는다. 여기까지가 카페 창업을 준비하는 사람들이 학원을 찾는 이유다.

그러면 내용을 정리해 보자. 카페 창업을 준비하는 사람들은 창업에 필요한 정보들을 주변 사람들에게 물어본다. 이때부터 온갖 얘기들을 들으며 창업에 필요한 내용을 나름대로 정리하기 시작한다. 그리고 카페 창업에 필요한 교육을 배우기 위해 학원을 찾아본다.

카페 창업에 필요한 교육을 배우려면 바리스타 및 제과제빵에 관련된 교육을 배워야 한다는 것을 알게 된다. 하지만 수많은 학원이 즐비해 있다 보니 학원을 알아보는 데도 많은 시간이 소요된다. 그러다 알게 되는 것이 '국비 지원 제도'이다.

우리나라에는 다양한 국비 지원 교육 제도가 있다. 그중 가장 대표적인 국비 지원 교육 제도가 노동부에서 주관하는 '내일 배움 카드' 제도이다. 내일 배움 카드 제도는 2023년도 기준으로 170여 개 직종에 대해서 지원한다.

그중 60여 개 직종에 대해서는 과정, 비용 상관없이 전액 지원을 받을 수 있는 직종으로 분류되어 있다. 그런데 학원을 알아보는 사람들이 국비 지원 제도에 대해서 알게 되면서 초심을 잃기 시작한다.

그러면 잠깐 '국비 지원 제도 시스템'에 대해서 살펴보자. 보통 개인 사업자가 학원을 설립하고 국비 지원을 받기 위해서는 매년 '신규 기관 신청' 기간에 접수 신청해야 한다. 이후 승인 절차까지 모두 완료되고 특별한 결격 사유가 없으면 '국비 지원 교육 기관'으로 운영할 수 있게 된다.

하지만 이런 진행 과정 중 한 가지 제약 사항이 생긴다. 국비 지원받아 진행하는 교육이기 때문에 노동부가 정한 기준에 부합하는 수업을 진행해야 한다. 바로 NCS라는 '국가 직무 능력 표준'에 의한 교육이다.

생각해 보자. 국가적 예산을 무분별하게 낭비할 수 없는 만큼 지원 체계를 갖춰야 하는 것은 당연하다. 전국에 많은 교육 기관이 각자의 방식으로 수업을 진행한다면 노동부는 관리 감독을 할 수 없다.

2023년도 기준으로 170여 개 직종 훈련이 있다고 했다. 1개 직종에 해당하는 교육 기관만 해도 전국에 수백 군데가 존재한다. 이를 노동부에서 관리 감독한다는 건 현실적으로 불가능하다. 그래서 직종별 공통 관리가 가능한 시스템을 만들어야 한다.

여기서 교육 기관마다 각자의 방식으로 수업할 수 없어서 만들어진 공통 관리 시스템이 어떤 것인지 정확히 이해할 필요가 있다. 바리스타 및 제과제빵 분야에서 모든 교육 기관이 똑같은 방식으로 진행할 수 있는 수업은 어떤 것이 있을까?

똑같은 방식으로 수업을 진행한다면 노동부도 관리 감독하는 게 수월해질 것이다. 생각해 보자. 모두가 똑같은 방식으로 진행할 수 있는 수업. 좀 더, 좀만 더 생각해 보자. 뭐가 있을까. 맞다. '자격증' 수업이다.

자격증 수업은 이미 시험 기준이 정해져 있다. 그래서 시험 기준에 맞춰 수업을 진행하면 된다. 시험 기준에만 맞춰 수업을 진행하면 되기 때문에 노동부도 관리 감독을 하는 게 어렵지 않다. 모든 교육 기관을 똑같은 기준으로 평가할 수 있기 때문이다.

여기까지 내용을 다시 정리해 보면 이렇다. 카페 창업을 준비하는 사람들은 주변 사람들을 통해 창업에 필요한 조언을 얻는다. 또한 카페 창업을 위한 학원을 알아보게 되고, 학원을 알아보면서 국비 지원 제도에 대해 알게 된다. 그리고 자격증 수업을 듣는다.

여기까지 종합적으로 살펴볼 때 어떤 생각이 드는가. 이렇게 카페 창업을 준비하는 사람이 당신 주변에 있다면 무슨 말을 해주고 싶은가.

인간은 망각의 동물이라고 했다. 카페 창업을 위해 필요한 정보를 얻기 시작하고 정보를 얻는 과정을 거치면서 엉뚱한 방향으로 생각의 흐름이 바뀌기 시작한다. 이 과정에는 또 어떤 문제가 있는지 궁금한가. 좋다. 문제점을 짚어보자.

카페 창업을 준비하는 사람들은 보통 주변 사람들을 통해 조언을 얻고 있는데, 대체 그들은 누구인가. 카페를 운영 중인 사람인가? 돈 들여 카페를 창업해 본 경험이 있는 사람인가? 그것도 아니라면 카페 창업에 대해 어느 정도 알고 있는 사람인가? 어느 쪽인지 생각해 보라.

사실 주변 사람들은 대부분 당신에게 도움을 줄 수 없는 사람이다. 카페 사업과 관련된 사람이 아니기 때문이다. 이는 골프를 잘치고 싶은데 온라인 골프 게임 잘하는 사람에게 조언을 구하는 것과 같은 이치다.

그래서 가장 많이 듣는 대답이 뭔지 아는가. 가장 먼저 '자격증'을 취득하라는 말이다. 실제로 이런 이유로 자격증을 배우려고 하는 사람들이 부지기수다.

이렇게 조언을 얻은 사람들의 생각은 어지간해서는 바뀌지 않는다. 주위에서 자격증을 취득해야 한다고 말했기 때문에 생각은 벌써 자격증을 배우고 있는 단계까지 간다. 아무리 자격증에 대한 불필요함을 얘기해도 소용없다. 그런데 여기에 쐐기를 박는 게 있다.

이쯤 되면 예상되는 것이 있을 것이다. 바로 '국비 지원 교육'이다. 주위에서 가장 많이 듣는 말이 '자격증'을 배우라는 말이다. 그리고 학원을 알아보는 과정에서 국비 지원 교육에 대해 알게 된다. 국비 지원받으며 배울 수 있는 학원을 알아보면 온통 '자격증 학원' 뿐이다. 그렇게 자격증 수업을 듣고 카페를 창업한다.

왜 많은 사람이 카페를 창업하고 실패하는지 이유를 알겠는가. 이미 시작부터 잘못된 선택을 했기 때문이다. 카페 창업과 관련 없는 주변 사람을 통해 조언을 얻었으며 카페 창업과 관련 없는 자격증 수업을 배웠기 때문이다. 카페 창업을 준비하는 시작 단계부터 잘못된 출발을 했기 때문에 뻔한 결과를 얻게 되는 것이다.

내가 학원을 창업한 시기는 2020년 7월 1일이다. 4월 중순부터 학원 위치를 알아보기 위해 광주를 방문했다. 이때만 하더라도 광주는 코로나 여파가 심각하지 않았다. 금방 사라질 것 같던 코로나는 학원 개원을 준비하면서 빠른 속도로 광주까지 퍼졌다. 그리고 학원을 개원하면서 심각한 수준에 이르렀다.

당시 학원을 창업하겠다고 주변 사람들에게 알렸을 때 대부분 반대했다. 코로나는 국가 차원을 넘어서 세계적인 이슈였다. 금방 해결될 수 없는 재난이었다. 그러다 보니 이런 시국에 학원을 창업하겠다는 건 무리수라는 얘기가 많았다. 학원은 사람을 상대로 하는 사업이며 정해진 공간에 모여 수업하는 곳이다.

사업 자금 치고는 얼마 되지 않는 돈일 수 있지만 얘기를 들으면서 잠시 흔들린 때도 있었다. "40대 중반의 나이에 그나마 가진 돈마저 없어지면 앞으로 어떻게 해야 할까?"

하지만 내가 선택할 수 있는 선택지는 없었다. 지금이 아니면

학원 인테리어 모습

본원 제과제빵강의장

언제 다시 사업을 시작할 수 있을지 알 수 없었다. 나는 상담 하나만큼은 자신 있었기 때문에 아무리 코로나가 심각하더라도 배우려는 사람만 있다면 괜찮겠다고 생각했다.

내가 알고 있는 것이 곧 경쟁력이라고 생각했기 때문에 자신감 하나만큼은 충만했다. 그래서 모든 사람이 불안해하며 반대했던 학원 창업을 강행할 수 있었다.

지난 시기를 되돌아보면 주변의 만류에도 불구하고 학원 창업을 결심했던 결정적인 이유는 내가 알고 있다는 자신감 때문이었다. 막연히 교육 사업을 하고 싶다는 이유로 학원 창업을 생각했다면 아마도 주변인의 말을 들었을 것이다. 얘기를 듣는 내내 불안감이 높아져 갔을 것이고, 가진 것만이라도 지켜야 한다고 생각했을 것이다.

하지만 20년의 경력은 내가 가진 유일한 강점이었다. 학원은 내가 알고 있는 유일한 것이었다. 내가 지금 알고 있는 게 제대로 알고 있는 것인지도 궁금했고, 내가 알고 있는 것도 제대로 활용하지 못한다면 나는 더 이상 할 수 있는 게 없다고 생각했다.

내가 뭔가를 확실히 알고 있다는 건 엄청난 무기가 될 수 있다는 걸 뼈저리게 느낄 수 있었던 시기다.

카페 창업뿐 아니라 어떤 사업을 준비하든지 꼭 기억해야 할 것이 있다. 사업을 시작한다고 하면 긍정적으로 바라보는 사람보다 부정적으로 바라보는 사람이 많다. 그리고 느닷없이 전문가로 돌변하는 사람이 많아진다. 경험도 없고, 전문지식도 없는 사람이 이런저런 조언을 시작한다. 마치 축구 보는 시청자가 감독이 된 듯한 상황이다.

사업을 한다는 건 혼자만의 외로운 싸움이다. 사업을 시작하는 초기에는 아군도 적군도 없다. 아군이든, 적군이든 그들은 내가 혼자 싸워 나갈 수 있는 사람인지 관찰만 할 뿐이다. 다만, 나를 바라보는 아군과 적군의 시선은 다르다.

아군은 긍정적인 시선으로 힘이 되는 조언을 해주는 사람이고, 적군은 부정적인 시선으로 매 순간 에너지를 갉아먹는 사람이다.

이 모든 걸 구별하며 자신감을 갖기 위해서는 스스로 알고 있어야 한다. 하고 싶은 사업에 대한 전문지식을 갖춰야 하고, 사람을 볼 수 있는 안목을 키워야 한다. 사업을 시작하기 전부터 말에 휘

둘리게 되면 사업 후 당신은 더 많은 감언이설로 휘둘리게 될 것이다.

"인과응보, 뿌린 대로 거둔다."라는 절대 법칙이 있다. 이미 잘못된 선택으로 시작했다면 잘못된 결과만 나타날 뿐이다. 잘못된 선택이라는 걸 중간에라도 인정하고 받아들일 수 있다면 좋겠지만 대부분 그런 경우는 없다.

잘못된 선택이라는 사실 자체를 받아들이지 못하는 경우가 대부분이다. 잘못된 선택이었다는 사실을 깨닫는 순간 이미 돌이킬 수 없는 상황이라는 것을 직감적으로 느끼기 때문이다. 누구를 탓할 것인가. 이미 시작부터 잘못 선택한 것을.

사업은 많은 걸 제대로 알고 있어도 실패한다.

그런데 잘못 알고 시작하면 어떤 결과가 생길까?

카페 창업을 준비하는 수많은 사람은
이미 성공에 필요한 게 무엇인지 알고 있다.
하지만 잘못된 선택으로 잘못된 결과를 얻게 되며,
잘못된 선택이라는 걸 인정하지 않는다.
그래서 실패하는 것이다.

02

'안 되는 카페' 사장들의 공통점

자격증을 배운 대부분 사람은 이후 어떤 선택을 할까? 놀랍게도 카페를 창업한다. 정말 놀라운 일이지만 한편으로 궁금할 수 있다. 준비가 안 된 사람이 어떻게 막대한 비용을 투자하며 창업할 수 있을까? 그 이유는 안타깝지만 어떤 누구도 제대로 된 설명을 해주지 않기 때문이다.

국비 지원 교육을 운영하는 교육 기관들은 자격증 과정을 운영하며 돈을 번다. 사실 그들도 카페 창업하는데 자격증이 불필요하다는 사실을 알고 있다. 하지만 불필요하다는 사실을 밝힐 수가 없다. 그러면 돈을 벌 수 없으니까. 그러다 보니 자격증을 취득하면 취업도 할 수 있고, 창업도 할 수 있다고 말한다.

처음 학원을 알아보는 사람들은 얼핏 듣기에 사실인 듯 들릴 수 있다. 카페는 자격증이 없어도 취업할 수 있고, 창업할 수 있다. 그러니 자격증이 있으면 취업, 창업이 가능하다고 말한다.

그래서일까. 실제로 많은 사람들이 자격증만 취득하면 카페 창업에 도움이 될 거라고 생각한다. 이렇게 창업한 사람들은 카페를 창업하고 나서야 비로소 무리한 창업이었다는 것을 알게 된다. 그동안 돈과 시간을 들여 배운 것이 불필요했다는 것을 깨닫는다. 하지만 그때는 이미 늦었다. 그러면 이제 그들이 선택할 수 있는 최종 선택은 무엇일까?

아래 행정안전부 자료에 따르면 전국에는 현재 65,000개의 카페가 운영 중이다. 그중 현재 내가 있는 전라도 광주 지역에는 2,600개의 카페가 운영 중이다. 그래서 대부분의 사람은 카페가 너무 많다고 말한다.

카페 창업 통계 자료

전국 커피숍	등록수	89,500	전국 제과점	등록수	56,000	전국 운영 매장	65,200	전국 대비 광주 운영 비율	4%
	영업중	45,600		영업중	19,600				
광주	등록수	4,000	광주	등록수	1,627	광주 운영 매장	2,649		
	영업중	2,100		영업중	549				

	창업수	영업중	폐업	폐업률	창업수	영업중	폐업	폐업률	
2019	365	224	141	39%	65	42	23	35%	
2020	326	237	89	27%	41	33	8	20%	
2021	386	332	54	14%	60	47	13	22%	
2022	350	335	15	4%	57	54	3	5%	

전국 비교	전국 커피숍 폐업수	전국 커피숍 폐업률	전국 제과점 폐업수	전국 제과점 폐업률
	43,900	49%	36,400	65%

전체 통계	전국 전체 등록 매장	전체 운영 매장	전체 폐업 매장	전국 전체 매장 폐업률
	145,500	65,200	80,300	55%
	광주 전체 등록 매장	광주 운영 매장	광주 폐업 매장	광주 매장 폐업률
	5,627	2,649	2,978	53%

지역별 운영 매장수	광산구	서구	남구	북구	동구
	756	572	336	548	426
지역별 인구수	40.2만명	28.8만명	21.4만명	42.5만명	10.5만명
인구 대비 비율	0.2%	0.2%	0.2%	0.1%	0.4%

전국 대비 광주 카페 현황

출처 : 행정안전부 공공 데이터 개방

그런데 통계를 자세히 들여다보면 전국 폐업률이 55%에 달하며, 광주 폐업률이 53%에 달한다는 것을 알 수 있다. 폐업률 중 당해 카페를 창업하고 당해 폐업하는 비율만 5%에 육박한다. 통계만 보더라도 제대로 준비가 안 된 상태에서 카페 창업을 시작하는 사람들이 얼마나 많은지 알 수 있다.

그럼 폐업하지 않은 나머지 사장들은 결국 울며 겨자 먹기로 카페를 운영한다. 그런데 막상 운영하려 해도 자신이 할 수 있는 건 아무것도 없다. 자격증 취득하고 카페를 창업한 사람들이 결국 최종 선택할 수 있는 건 '납품'뿐이다.

카페에서 납품받는 제품은 크게 두 가지 있는데 첫 번째는 '원두'다. 원두의 경우 로스터리 카페를 하지 않는 한 대부분 납품 받아 판매한다. 하지만 제대로 준비가 안 된 상태에서 카페를 창업하는 경우 원두 선택의 기준이 없다. 향미를 제대로 구별할 수 없기 때문이다.

자격증을 배운 사람들은 바리스타 분야에서 '센서리'라고 불리는 향미 교육을 제대로 배우지 못한다. 형식적인 테스트만 받게 되는데 대부분 그 정도면 가능하다고 생각한다. 아니 그 정도면 가능하다고 얘기한다. 이론을 같이 배울 수 있으니 괜찮다고? 웃기지도 않는 헛소리다. 이는 간단한 예로도 확인할 수 있다.

나는 골프에 관심이 생겨 '캐디 자격증'을 취득했다. 온라인으로 공부하고 취득할 수 있는 캐디 자격증도 민간자격증이다. 캐디 자격증을 준비하면 골프에 대한 전반적인 흐름은 이해할 수 있다.

그러면 이제 나는 필드에 나가서 골프를 칠 수 있을까? 아니면 정식 캐디로 활동할 수 있을까? 그렇지 않다. 하지만 대부분의 사람들은 이런 말도 안 되고 어처구니없는 상황을 판단하지 못한다. 흔히 이런 특징은 '사기' 당하는 사람들이 뭔가에 홀린 것 같다고 생각하는 것과 같다. 부디 바리스타 자격증이 불필요한 이유를 깨닫기 바란다.

두 번째 납품받는 제품은 디저트 및 빵이다. '생지'라고 불리는 제품들을 납품받아 고객에게 데워서 판매한다. 놀랍게도 이렇게 판매하는 사장들은 두 가지 특징을 지니고 있다. 하나는 고객이 맛있어 할 거라고 착각하는 것이고, 다른 하나는 고객이 맛을 모를 것이라고 착각하는 것이다. 이에 대한 자세한 얘기는 뒤에서

로스팅 수업 사진

다루기로 하고 지금은 '납품'의 현실에 대해 말해보고자 한다.

당신은 왜 카페를 창업하려고 하는가? '돈'을 벌기 위해서다. 이건 부정할 수 없는 사실이다. 그렇다면 카페를 운영하는 당신에게 납품하는 납품 업체들은 왜 유통 사업을 할까? 그들도 '돈'을 벌기 위해서다.

혹시 유통 업체들이 돈을 얼마나 벌고 있는지 아는가. 당신이 납품 업체가 벌어들이는 돈에 관심 없듯이, 납품 업체 또한 당신이 운영하는 카페가 얼마나 돈을 버는지 관심 없다. 그냥 자신들만 돈을 벌면 된다.

그러면 유통 시스템에 대해서도 간단히 알아보자. 많은 소비자는 직거래를 원한다. 왜? 싸게 살 수 있어서다. 그런데 직거래로 사려면 손품, 발품을 팔아야 한다. 한마디로 귀찮은 일을 해야 한다. 이때 소비자는 둘 중 하나를 선택한다. 돈이냐, 귀찮음이냐.

돈을 선택한다면 귀찮음을 감수할 것이고, 귀찮음을 선택했다면 돈이 좀 들더라도 편하게 제품을 구매하려고 할 것이다.

이 상황을 카페와 납품 업체로 비교해보자. 당신이 돈을 벌고 싶다면 직접 제품을 만들어야 한다. 하지만 직접 제품을 만들 수

광주 상무지구에 오픈했던 디저트 전문 카페다. 화려하고 고급스러운 느낌으로
오픈했지만 안타깝게도 1년도 채 운영하지 못하고 폐업했다.

없다면 돈을 포기해야 한다. 여기서 수익률의 차이가 발생한다. 납품받아 판매하는 매장들의 마진율이 얼마나 되는지 아는가! 순수익으로 10%가 되지 않는다(모든 제반 비용을 제외한 평균 순수익이다).

공급 단가로 인해 순수익이 낮다 보니 사장들은 좀 더 싸게 살 수 있는 납품 업체를 찾는다. 좀 더 싸게 살 수 있는 납품 업체는 두 종류가 있다. 대량 생산이 가능한 큰 업체이거나, '질 낮은' 재료들로 제품을 만들거나.

대량 생산이 가능한 큰 업체를 선택할 경우, 소비자들은 어디서나 접할 수 있는 '맛'이기에 특별함을 느끼지 못할 것이며 '질 낮은' 재료로 제품을 만드는 경우 '맛' 자체가 없으니 고객으로부터 외면당할 것이다.

카페 사장들은 이런 사실을 6개월~1년 정도 지나면 깨닫는다. 그래서 카페 창업하고 6개월 정도 지나 학원을 찾는 사장들이 많다. 이마저도 느끼지 못하는 사장들은 머지않아 폐업 절차를 밟는다.

그러면 카페 사장들은 무엇을 배우기 위해 학원을 찾는 걸까?

잘 생각해 보자. 당신이라면 이런 상황에서 무엇을 배울 것인가. 대부분 카페 사장은 디저트 및 빵을 배우기 위해 학원을 찾아온다. 나는 이렇게 학원을 찾는 카페 사장들에게 일침을 가하곤 한다. 일침까지는 아니더라도 냉정한 판단을 할 수 있도록 자극을 주는 편이다.

요즘 학원을 방문하는 카페 사장들이 꾸준히 늘고 있다. 3년 정도 카페 창업 실무 교육을 진행하다 보니 알음알음 학원을 찾아온다. 그동안 알고 있던 학원은 자격증만 배울 수 있다고 생각했는데 실무 교육을 배울 수 있으니 한 번 알아본다는 생각으로 방문한다.

그렇게 방문한 사장들의 첫 질문이다. "제가 지금 카페를 운영하고 있는데 디저트와 빵을 배우려고요." 그럼 나는 한 치의 망설임도 없이 질문을 던진다. "카페 매출은 괜찮은 편인가요?" 직설적으로 질문하는 이유는 자신의 상황을 인식하길 바라서다. 그래서 질문을 던지면 대부분 낯빛이 어두워진다. 매출이 안 나와서 학원을 방문했으니 그 심정 또한 이해한다.

여기서 잠깐! 내가 왜 매출이 안 나온다고 확신할까? 혹시 사장들에게 실례가 될 수 있는데도 말이다. 카페 매출이 잘 나오고, 잘 되는 카페 사장은 절대 학원을 찾지 않는다. 왜냐하면 그들은 필요한 경우 더 수준 높고 능력 있는 직원을 채용한다. 스스로 배우는 것보다 더 나은 직원을 채용하는 게 매출 상승에 도움이 된다는 것을 알기 때문이다(뒤에서 다시 다루겠지만 매출이 안 나오는 곳은 직원 채용에 부정적인 생각을 하는 경우가 많다).

나는 학원에 방문한 카페 사장들에게 매일 커피를 마시는지 묻는다. 대부분 '그렇다.'라고 대답한다. 그러면 다시 '커피 맛'은 매일 똑같은지 묻는다. 대부분 '아니오.'라고 대답한다. 정말 웃기지 않은가. 카페 사장들은 자신이 운영하는 카페에서 판매하는 '커피 맛'이 다르다는 걸 알고 있다.

그런데 정말 심각한 건 아무런 문제가 없다고 생각하는 것이다. 카페 사장이 느끼는 '커피 맛'의 다름을 고객들은 모르고 있을까. 이런 카페가 잘 된다면 오히려 그게 더 이상한 일이다.

카페 사장들은 매출을 높이기 위한 방편으로 디저트 및 빵을 배우려고 한다. 왜 카페가 안 되는지 이유도 모른 채 디저트 및 빵을 만든다 한들 무슨 도움이 될 수 있을까. 그래서 나는 지금 그들에게 필요한 건 디저트 및 빵이 아니라 커피에 대한 교육부터 배워야 한다고 말한다.

이렇게 상담받은 사장 중에 커피 교육을 배우는 사람들이 얼마나 되는지 아는가. 거의 없다. 대부분 상담받고 돌아간다. 이런 카페들이 어떤 결과를 초래하게 될지는 독자의 생각에 맡기겠다.

안 되는 카페 사장들에게는 이런 공통점이 있다. 문제가 있다는 걸 알면서도 문제라는 인식을 갖지 않는다. 이게 돈을 못 버는 가장 큰 문제라는 것을 모른다. 모르는 건 배우면 된다고 했다. 틀렸으면 수정하면 된다. 그런데 틀렸다는 걸 알고, 모른다는 걸 알면서도 아무런 행동을 하지 않는 건 굉장히 위험한 행동이다.

대부분의 사람들은 돈을 벌기 위해 카페를 운영하면서도 배우는 걸 싫어한다. 그렇다고 돈을 포기하지도 않는다. 여전히 이런 카페 사장들의 현실을 알고도 똑같은 방식으로 카페를 창업하고 싶은 생각이 드는가. 지금 당신이 카페 창업을 위해 모으고 있는 정보들이 대부분 이런 사람에게 얻는 정보라는 것을 꼭 기억하길 바란다.

카페 창업 제대로 알고 시작하기

커피는 분쇄 단계부터 이미 맛이 결정된다.

자신도 모르는 사업을 시작해서 성공한 사람을 본 적이 없다.

반드시 배워야 하는 것을 힘들고 어렵다는

이유로 포기한다면 사업을 포기하는 게 낫다.

카페 창업으로 성공하는 게 어렵다는 생각을 버려야 한다.

세상에 쉬운 건 없다.

힘든 걸 이겨내며 하루하루의 경험이 습관이 된다면

반드시 웃게 될 날을 맞이할 수 있을 것이다.

03

카페 창업으로 정말 돈 벌 수 있을까?

결론부터 말하면 당연히 벌 수 있다. 대신 전제 조건이 있다. 반드시 카페를 운영하는 당신이 모든 걸 알고 있어야 하며, 체계적인 시스템을 만들어야 한다. 그리고 돈을 벌 수 있다는 자신감을 가져야 한다.

아무것도 아닌 이 '자신감'을 실제로 갖지 않는 사람들이 많다. 스스로에 대한 믿음이 없어서 그런 경우가 많은데 성공에 대한 기대감보다 실패에 대한 두려움이 더 크기 때문이다.

카페 창업하는 사람들은 오픈 초기 대부분 혼자서 시작하려고 한다. 매출이 얼마나 나올지 알 수 없는 상황에서 인건비에 대한 부담을 느끼기 때문이다. 인건비에 대한 부담 때문에 납품도 결정하게 된다. 그나마 혼자서 할 수 있으니까.

한번 그들의 단순 계산법을 적용해 보자. 보통 1인 카페를 운영하는 사장들의 계산 방식은 이렇다. 월 매출이 1,000만 원이고 월 순수익이 200만 원이라고 가정하자.

매출을 높여야 하는데 직원 1명을 채용하면 순수익이 그대로 직원 월급으로 빠져나간다. 아르바이트를 채용하려 해도 최소 100만 원 정도가 급여로 나간다. 그러면 손에 쥐는 돈이 없어서 결국 다시 혼자 하는 것으로 결정한다. 성공을 바라는 사장이라면 이런 생각 자체에 문제가 있다는 걸 깨달아야 한다.

혼자서 월 매출 1,000만 원을 할 수 있다면 직원을 채용했을 경우 매출이 늘어나야 한다. 그래서 직원을 채용하는 거니까. 그런데 직원 채용을 생각하면서 매출과 수익은 그대로 계산한다. 생각이 이미 안 되는 쪽으로 기울어져 있는데 어떻게 잘될 수 있겠는

가. 수익을 이유로 직원 채용을 고민하는 사장은 절대 성공할 수 없다.

매출이 상승하기 위해서는 무조건 많이 팔아야 한다. 여기서 많이 파는 기준은 박리다매 방식을 말하는 게 아니다. 매출을 높이기 위해서는 여러 가지 조건들이 있는데 그중 가장 대표적인 것이 '객단가'를 높이는 것이다.

카페마다 평균 방문자를 확인할 수 있다. 1인당 평균 판매 금액이 1만 원이고, 월평균 매출이 5천만 원이라고 가정하자. 단순 계산으로 월 방문자는 5,000명 정도이며 일 방문자는 약 167명이라는 것을 알 수 있다. 이때 매출을 늘리기 위해서는 방문자가 증가하거나 1인당 객단가를 높이면 된다.

방문자를 늘리기 위해서는 광고비로 인한 추가 비용이 발생할 수 있으며 그에 따른 시간도 소요된다. 그래서 매출을 높일 수 있는 가장 빠른 방법이 '객단가'를 높이는 것이다. 1인당 구매 금액이 1만 원이라면, 15,000원~18,000원 정도로 구매할 수 있는 시스템을 만든다. 똑같은 제품을 비싸게 파는 것이 아니라 패키지 형식으로 판매 상품을 묶으면 된다.

예를 들어, 마들렌 1개를 1,000원에 판매하고 있다면 2개에 1,800원에 판매하는 것이다. 혹은 커피를 4,000원에 판매하고, 마들렌을 1,000원에 판매하고 있다면 패키지 상품으로 묶어서 4,800원에 판매하는 식이다. 이게 얼마나 효과가 있을지 궁금한가. 지금 바로 적용해 보라. 얼마나 큰 효과가 있는지 경험할 수 있을 것이다.

이때 또 다른 궁금증이 생길 수 있다. 결국 할인해서 제품을 판매하는 건데 수익률이 떨어지는 게 아닌가 생각한다. 제발 정신 차려라. 지금 당신에게 필요한 건 수익률이 아닌 매출액이다. 10만 원 팔아서 5만 원 남기는 것보다 100만 원 팔아서 40만 원 남기는 게 훨씬 이득 아닌가.

객단가가 오르면 매출은 당연히 오른다. 거기에 방문자까지 늘어나면 매출은 2배, 3배, 아니 그 이상 오를 것이다. 매출이 높아지면 지출 또한 당연히 높아진다. 객단가 하나만 제대로 효과 보더라도 지금보다 최소 1.5배 이상 매출이 늘어나게 된다.

객단가를 높이고 매출 상승을 원한다면 반드시 사장이 알고 있어야 한다. 커피에 대한 아무런 지식 없이 커피를 많이 팔 수 있을까? 디저트 및 빵에 대한 지식 없이 많은 제품을 팔 수 있을까? 카페를 운영하는 사장이 어떤 문제로 매출이 안 나오는지 이해하지 못하면 카페는 절대 성장할 수 없다.

시스템을 만들면 혼자 운영하는 게 힘들어진다. 시스템이 갖춰지면 매출이 높아질 것이고 매출이 높아지면 그만큼 바빠질 것이기 때문이다. 카페를 장사가 아닌 사업으로 생각해야 하는 이유다. 장사와 사업의 차이를 아는가. 명망 높은 사업가마다 생각의 차이는 있지만 가장 이해하기 쉽게 설명한 사업가가 김승호 회장의 말이 아닌가 싶다.

"장사와 사업의 차이는 장사는 사장이 돈을 벌어야 하는 것이고, 사업은 시스템이 돈을 버는 것이다. 따라서 장사는 사장이 아프면 돈을 벌 수 없지만, 사업은 사장이 아파도 돈을 벌어다 준다. 이게 장사와 사업의 가장 큰 차이다."

당신은 카페를 장사라고 생각하는가, 사업이라고 생각하는가. 반드시 사업이라고 생각하길 바란다. 그래야만 제대로 된 시스템을 만들 수 있다. 시스템은 사업의 필수다. 판매 시스템을 갖추고 나면 수익과 관계없이 직원도 채용해야 한다.

고객들은 카페에 대한 좋은 이미지를 갖게 되면 다시 방문해 보고 싶은 충동을 느낀다. 하지만 부정적인 이미지를 갖게 되면 다시는 찾지 않는다. 혼자서 할 수 있는 사업은 그리 많지 않다. 그래서 시스템이 필요하고 직원도 필요한 것이다.

그런데 주위에 이런 얘기들을 해주는 사람이 없다. 주변에서 해주는 얘기라고는 '힘들다.', '어렵다.', '돈 쓸데가 그렇게 없나?', '레드오션 시장이다.', '직원 뽑으면 남는 게 없다.' 등 부정적인 말뿐이다. 그래서 그런지 '무인카페'를 창업하는 사람들이 늘고 있다.

아마도 일반적인 프랜차이즈 카페보다는 적은 비용으로 카페를 창업할 수 있다는 솔깃한 얘기 때문일 것이다. 앞으로도 계속해서 얘기하겠지만 절대 초심을 잃어서는 안 된다. 카페를 창업하는 이유는 돈을 벌기 위해서다.

돈을 벌기 위함이 아니라면 어떤 선택을 해도 상관없지만, 돈을 벌기 위한 카페 창업이라면 절대 프랜차이즈 및 무인카페를 창업하면 안 된다. 하지만 스스로 절대 개인 카페를 할 수 없다고 생각하는 사람이라면 차라리 프랜차이즈 카페를 선택해라. 그나마 무인카페보다 돈은 더 잘 벌 수 있다.

매출이 늘지 않아 고민인 사람들에게 한 가지 확실한 방법을 알려주겠다. 앞서 얘기한 대로 매출을 높일 수 있는 방법은 두 가지가 있다. 첫 번째는 많이 파는 것이다. 하지만 많이 팔기 위해서는 많이 알려져야 한다. 많이 알리기 위해서는 그에 따른 홍보 비용이 발생한다. 그래서 무조건 많이 알리는 것만이 능사는 아니다.

두 번째는 객단가를 높이는 것이다. 객단가를 높이기 위해서는 묶음으로 할인 및 이벤트를 진행해서 한 사람이 구매할 수 있는 판매 금액을 높이면 된다. 다만 할인 및 이벤트를 진행하는 경우 개당 이익률은 떨어질 수 있다.

하지만 경험상 이익률을 높이기 위해 많이 파는 쪽으로만 생각하면 오히려 광고 비용으로 인해 실수익률이 떨어지는 경우가 많다. 그래서 매출을 극대화하기 위해서는 객단가를 높이고 많이 팔아야 한다. 내가 실제 매출 상승을 위해 적용한 방법을 예로 설명해 보겠다.

우리 학원은 개원 후 2년간 평균 매출이 4천만 원 정도였다. 평균 등록 인원은 60명 정도다. 객단가를 확인해 보니 1인당 평균 등록 금액이 70만 원 정도였다. 2년간 나는 객단가를 높이는 것에 큰 관심이 없었다. 대부분 학원의 평균 등록 금액과 비슷했기 때문이다. 그런데 한편으로는 평균 등록 금액을 높일 수 있는 방법은 없는지 궁금했다.

가장 먼저 마케팅에 대해 생각했다. 그런데 추가 비용을 지불하고 마케팅을 진행한다고 해서 수익성이 좋아진다는 보장이 없었다. 오히려 확실하지 않은 마케팅으로 자칫 지출만 늘어날 수 있다.

그래서 객단가를 높여보기로 했다. 평균 등록 인원이 매달 큰 차이가 없어서 객단가를 높이면 매출은 상승할 수 있겠다고 생각했다. 객단가가 70만 원에서 100만 원으로 높아지면 2천만 원의 매출 상승효과를 기대할 수 있다. 그리고 150만 원으로 객단가가 높아지면 매출은 2배 이상 늘어난다.

나는 매출을 2배로 상승시킬 수 있는 교육 과정을 만들었다. 먼저 교육 과정 개발을 위해 두 가지 전제 조건을 정했다. 하나는 수강생에게 도움이 될 수 있는 교육 프로그램이어야 한다. 그리고 다른 하나는 객단가가 높아져야 한다.

그렇게 매출을 2배로 높이기 위한 전제 조건을 정하고 교육 과정을 개발하자 상담 자체가 바뀌기 시작했다. 여기까지 내가 객단가를 올리기 위해 선택한 것은 수강생에게 꼭 필요한 과정을 패키지로 묶은 것뿐이다.

우리 학원은 카페 창업을 목적으로 수강하는 사람이 대부분이다. 카페 창업을 위해서는 한 개 과정만 수강해서는 힘들다. 결국 다른 필요 과정을 배워야 창업 준비를 할 수 있게 된다. 그래서 꼭 필요한 과정만을 선별해서 하나의 패키지로 묶었다. 그 결과 한 개 과정에 대한 수강료는 떨어졌지만 객단가는 150만 원 이상 유지되고 있다.

객단가가 2배 오른 과정을 살펴보면 나는 특별히 뭔가 한 게 없다. 객단가를 높이기 위해 과정만 새롭게 편성했을 뿐이다. 수강생에게 도움이 될 수 있는 과정을 패키지 과목으로 새롭게 편성해서 객단가를 높인 게 전부다.

그런데 실제로 객단가가 높아지며 매출이 상승했다. 객단가를 높일 때는 주의해야 할 것이 있는데 반드시 '고객'을 위한 것이어야 한다. 무작정 객단가를 높인다고 매출이 상승하지 않는다. 결국 고객이 구매해야 매출이 발생하기 때문이다. 고객이 필요성을 느껴야 하고 가치를 느껴야 한다.

카페뿐 아니라 어느 사업을 하더라도 사업의 기본은 많이 팔아야 한다. 무형의 상품이든, 유형의 상품이든 많이 팔아야 돈을 많이 벌 수 있다. 그러기 위해서는 판매 시스템을 만들어야 한다.

객단가를 높일 수 있도록 패키지 상품을 만들고, 고객의 유입을 높일 수 있도록 새로운 광고를 생각해야 한다. 맛있는 제품을 만들 수 있고, 객단가가 높아지며, 고객의 유입이 높아진다면 매출은 자동으로 늘어날 것이다.

1등이 되고 싶다고 아무리 노력해도 1등을 할 수 없다. 아마 모두 한 번쯤은 경험이 있을 것이다. 1등은 하고 싶다고 할 수 있는 게 아니라 좋은 성적을 받을 수 있는 공부법으로 꾸준히 공부하면 어느 순간 1등의 자리에 있게 되는 것이다.

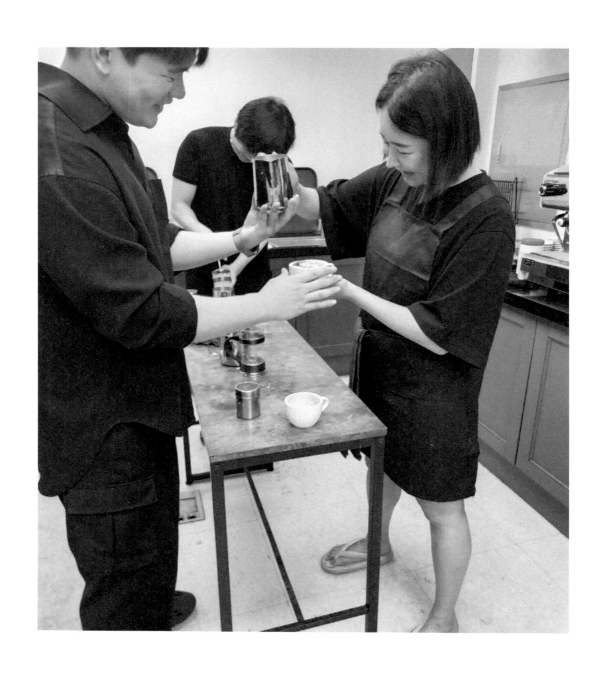

똑같은 카페에서

오늘 마시는 커피 맛과 내일 마시는 커피 맛이 다르다면

굳이 고객은 손품, 발품 팔아가며 개인 카페를 찾아갈 이유가 없다.

카페 창업 〈사업자 준비사항〉 이렇게 준비하세요!

1	점포계약	관리계약, 임대차계약, 허가사항과 법적 서류 검토	
2	점포설계	인테리어 콘셉트 예상 설계도면 작성, 인테리어 착수	진행 상황에 따라 인테리어 시기는 유동적으로 판단
3	위생교육수료	각 지역별 보건소에서 실시	약 일주일 기간 소요
4	건강진단결과서 발급	영업신고증 신청 및 발급처	해당 지역의 시,군,구 위생과
5	영업신고증 발급	신규 발급시 준비서류	식품영업신고신청서
			건축물관리대장
			위생교육필증
			건강진단결과서
			본인 신분증과 도장
			LPG 사용완성검사증 (LPG 사용시 신고대상)
			소방완비증명서
		기존 영업신고증 승계 필요서류	양도자 영업 신고증 원본
			양도자 인감증명서 1부
			양수양도계약서 1부
			위생교육 수료증
			건강진단결과서
			본인 신분증과 도장
			영업자 지위승계신청서
6	사업자등록증 발급	사업자등록증 신청 및 발급처	해당지역 관할 세무서
		준비서류	사업자등록신청서, 영업신고증 사본, 임대차계약서 사본, 본인 신분증 및 도장
		참고사항	필요시 확정일자 신청
7	사업자통장개설	신용카드대금 입금전용 통장 개설	사업자통장 개설
8	보험가입	화재보험, 영업배상보험, 생산물배상책임보험	
9	전화, 인터넷 신청	전화번호 결정, 인터넷 사용신청	일반전화 필수
10	기타 준비사항	보안업체 선정, 배달 플랫폼 선정	선택 사항
11	장비 발주	장비 발주 및 별도 구매목록 확인	
12	직원 모집	매니저 및 아르바이트생 모집	알바천국, 알바몬 등
13	포스설치	오픈일 기준으로 최소 일주일 전에는 신청	신용카드 회사별 연결 시간이 다소 소요됨
14	식자재 발주	초도물품 발주	
15	인쇄물 제작	오픈 인쇄물 및 영업에 필요한 인쇄물 제작	

출처 : 퍼스트 커피랩 가맹본부1

카페 창업 〈인테리어〉 이렇게 준비하세요!

인테리어 기본공사	설비	배수공사, 배관공사(트렌치 및 트랩보강), 구배공사 주방 정화조(그리스트랩), 화장실 배수구
	전기	작업선 및 작업등 설치, 배관 및 배선작업 콘센트 및 스위치 설치, 분전함 신설
	목공	외부 가설공사, 내장 공사(천장, 벽면 내부 마감)
	금속&유리	파티션 및 하지, 도어, 선반, 외부바닥 하지작업 복층, 메뉴판, 실리콘 마감
	도장	내부 및 외부 페인트
	타일	벽체, 바닥 타일
	가구	붙박이가구 (카운터 바, 벤치체어 등) 싱크장과 수납장, 카운터 테이블 상판
	내부 덕트	주방후드, 브로워, 부자재
	조명	기본 조명, 레일등
	청소	준공 청소
별도공사	외부공사	간판, 파사드, 인테리어 필름 등
	냉난방공사	벽걸이형 또는 스탠드형 보다 천장형으로 추천
	가구	콘셉트에 맞는 가구로 온라인 쇼핑몰 또는 가구 매장에서 구매
	전기승합	공사비용, 한전 불입금, 한전 보증금 비용 발생할 수 있음
	도시가스	현장 상황에 따라 비용 발생할 수 있음
	위생기구	인테리어 업체에 기본공사 견적 포함해 견적 요청시 비용 절감
	소방공사	소방 설비 종류와 면적에 비례하여 비용 발생
	후드,덕트	제품 성능, 걸기, 층 수, 인건비 등에 따라 비용 발생

출처 : 퍼스트 커피랩 가맹본부2

생각의 크기를 바꾸면

놀라운 변화를 경험할 수 있다.

매출을 30% 성장시키려는 계획과

10배로 성장시키려는 계획은

애초에 시작부터 다르다.

생각의 씨앗을 10배로 심어라.

그러면 그에 따른 결실을 얻을 수 있다.

2장

기본 원칙을 지키는
카페가 성공한다

01

콘셉트, 카페 경쟁의 시작이다

얼마 전 광주 시내에 한옥 스타일의 카페를 준비하고 있는 모녀와 상담을 진행했다. 실면적 45평 정도 되고, 외부에는 테라스도 있는 한옥 카페를 준비 중이다. 외부는 한옥 스타일로 꾸미고, 내부는 현대식 스타일로 꾸며서 젊은 대상층에 인기 있는 카페를 생각하고 있었다. 카페 창업에 필요한 교육을 배우기 위해 학원을 찾은 모녀는 커피 및 음료를 비롯해 디저트와 빵을 배우려고 했다.

상담하는 도중 디저트와 빵을 만들기 위해서는 어느 정도 공간이 필요한지 물어왔다. 모녀가 생각하는 정도의 규모로 카페를 운영하려면 최소 8평~10평 정도의 주방 공간이 필요하다. 그 정도의 주방 공간이 있어야 하루 판매량을 소화할 수 있다.

애기를 들은 모녀는 현재 카페 인테리어를 진행하고 있는데 그 정도의 면적이 안 된다는 것이다. 주방으로 만들어진 공간이 얼마나 되는지 물어보니 2평~3평 정도 되는 것 같다고 했다.

그리고 모녀가 말하길 "지금 인테리어를 진행하는 사람이 인테리어 사업과 카페 사업을 같이 하고 있어 지인에게 소개받았는데 그렇게 해야 한다."라고 말했다는 것이다. 나는 좀 더 자세한 설명을 듣고 싶었다.

"손님 테이블을 더 늘려야 하기 때문에 주방은 최소한의 공간만 있으면 된다. 그리고 자신이 카페 운영을 하고 있으니 알아서 인테리어를 잘할 것이다."라고 말했다는 것이다. 그런데 놀라운 건 모녀는 그 말을 그대로 받아들였다. 너무 완고해서 뭐라 할 말이 없었다고 했다. 그렇게 현재에도 카페 인테리어는 업자가 원하는 대로 진행되고 있다.

카페 사업을 준비하는 초보 사장이 가장 많이 하는 실수 중 하나가 카페 콘셉트를 직접 결정하지 않는다는 것이다. 의외로 외부에 맡기는 사람이 많다. 위 언급한 모녀처럼 업자의 완고함에 못이겨 맡기거나 자신은 경험이 없다고 생각해서 전문가라는 사람에게 맡긴다.

카페 콘셉트를 사장이 직접 정해야 하는 이유는 카페 경쟁의 시작이 '콘셉트'이기 때문이다. 사업 초기 위치 선정부터 내부 세팅까지 대부분 사장이 직접 관여하는 이유는, 그렇게 하지 않을 경우 자신의 사업장이 자신의 것처럼 느껴지지 않는다. 자신의 사업장에 불만이 생기기 시작하고 모든 상황이 불편함으로 다가온다. 그러면 시작도 하기 전에 스스로 경쟁력을 잃게 된다.

위 모녀의 상황으로 다시 돌아가 보자. 모녀가 원하는 콘셉트가 있었다. 외부는 고풍스러운 느낌의 한옥 스타일, 내부는 세련된 현대식 스타일. 그리고 고객이 카페에 머물 때 편안하고 안락함을 느낄 수 있는 분위기를 연출하고 싶어 했다. 편안한 분위기 속에서 음식을 먹으며 대화할 수 있는 공간도 만들고 싶어 했다.

그런데 카페를 운영하는 인테리어 업자의 완강함 때문에 자신들이 원하는 카페의 콘셉트가 사라졌다. 이미 업자가 원하는 대로 인테리어가 진행되고 있다.

이런 상태로 카페가 완성되면 어떤 느낌이 들게 될까. 간단하게 정리하면 이렇게 만들어진 카페는 내가 원하는 카페가 아닌 타인이 원하는 카페가 된다. 이미 시작부터 내가 원하는 카페가 아닌 것이다.

그리고 직접 제품을 만들어 생산해야 함에도 주방 공간이 좁아 제대로 생산할 수 없는 환경이 되었다. 고객이 앉을 수 있는 공간을 많이 만들어야 한다고 했던가. 그것도 많이 팔 수 있을 때 얘기다. 팔 수 있는 제품이 없는데 착석 공간이 많은 게 무슨 의미가 있단 말인가.

카페 창업을 준비할 때 사장은 반드시 '콘셉트'를 정해야 한다. 그리고 자신이 원하는 콘셉트 대로 모든 준비를 해야 한다. 보통 콘셉트라고 하면 인테리어 콘셉트를 생각하는데 꼭 인테리어만을 말하는 것은 아니다. 하나의 '느낌을 정하는 것'이라고 생각하면 된다.

전남 나주에 위치한 대형 베이커리 카페로 애견 동반 및 야외 휴게 공간이 있고
탁 트인 전망으로 여유로운 시간을 보내기 좋은 곳이다. (출처 : 카페 투벤)

고객이 매장을 방문하고 돌아갔을 때 어떤 기억으로 남길 바라는지 생각해 보면 답을 찾을 수 있다. 고객은 특별한 맛을 기억할 수 있으며, 감동적인 고객 서비스를 기억할 수 있다. 사장의 남다른 감성으로 만들어진 인테리어가 기억에 남을 수 있으며 매장의 시그니처 메뉴가 기억에 남을 수 있다.

이처럼 고객의 기억에 남기를 바라는 것. 그것이 '콘셉트'이다. 고객들로부터 받는 피드백이 내가 바라던 콘셉트와 일치한다면 그 이상 뿌듯함은 없을 것이다. 그래서 항상 고객들의 관점에서 생각해야 한다.

자신이 원하고 바라는 콘셉트가 고객들로부터 호응을 얻게 되는 것은 우연의 일치일 수 있고 트렌드를 정확히 파악했기 때문일 수 있다. 전자의 경우에는 우연이 아니라면 고객으로부터 외면당할 것이다. 그런 모험을 걸고 막대한 비용을 투자하는 건 어리석은 일이다. 따라서 고객, 시장, 트렌드를 이해하기 위한 공부가 중요하다.

우리 학원의 콘셉트는 '카페 창업 실무 학원'이다. 대부분 학원은 국비 지원 교육으로 운영하는데 그런 교육은 전국에 널려 있다. 어디서나 배울 수 있는 똑같은 수업을 진행하는 학원을 굳이 창업할 이유가 없었다.

그래서 나만이 운영할 수 있는 학원, 그리고 우리만이 교육할 수 있는 학원을 만들고 싶었다. 정착하기까지 시간이 좀 걸리더라도 올바른 교육 서비스를 제공하는 학원을 만들고 싶었다. 다수가 선택한 길이 정답이라고도 생각하지 않았다.

학원을 창업하면서 내가 생각하던 목표는 오직 학원 다운 학원을 만드는 것이었다. 쉽고, 어렵고의 문제가 아니었다. 어떤 길이든 가치 있는 교육 서비스를 제공할 수 있는 길을 가고자 했다.

카페 창업 실무 학원. 여전히 누군가에게는 낯선 이름일 수 있다. 창업한 지 3년이 지난 지금도 광주에 이런 학원이 있는지 의아해하는 사람이 많다. 그래도 지금은 많은 사람이 알아봐 준다. 카페 창업 학원이냐고 묻는 사람도 있고, 카페 창업 학원이라고 들어서 문의하는 사람도 있다.

카페 창업 전문 학원으로 운영하는 3년 동안 수업에 대한 단 한 건의 문제도 없었다. 수강생들이 가치를 느끼는 만큼 더 큰 감동을 선사하기 위해 항상 노력하고 있다.

길이 나 있는 곳을 따라가는 건 누구나 할 수 있다. 하지만 그 길이 잘못된 길이라는 걸 알면서도 따라가는 건 아무리 생각해도 무의미한 행동이었다.

길이 없다면 내가 길을 만들어야겠다고 생각했다. 새로운 길이 완성되기까지 시간이 걸리더라도 길이 만들어지고 나면 그때부터 내가 만든 길을 따르는 사람이 있겠다고 생각했다. 이것이 우리 학원의 콘셉트다.

무슨 사업을 하든 자신이 알아야 성공할 수 있다. 트렌드를 안 다는 것, 고객이 원하는 게 무엇인지 안다는 것, 자신의 매장이 추 구하는 가치가 무엇인지 안다는 것, 이 모든 '앎'이 사업에 성공할 수 있는 기초가 되는 것이다.

처음부터 끝까지 한순간도 남에게 의존하지 마라. 부족함이 있 다면 채우면 된다. 모르는 게 있으면 배우면 된다. 길이 없다면 직 접 만들면 된다. 프랑스의 종교가이자 사상가인 르낭의 말을 곰곰 이 되새겨보자.

"남에게 의지하면 실망할 수 있다. 새는 자기의 날개로 날고 있다. 따라서 사람도 스스로 자기의 날개로 날아야 한다."

콘셉트부터가 경쟁의 시작이다. 콘셉트를 명확하게 하기 위해서는
목적이 분명해야 한다. 고객을 위한 게 무엇인지 끊임없이 생각하면
경쟁 우위를 점하는 것은 그리 어려운 일이 아니다.

고객이 개인 카페를 찾는 이유는 '맛' 때문이다

성공하는 카페 창업을 위한 첫 번째는 매일 아침 '커피 맛'을 잡아주는 것이다. 내가 운영하는 학원은 일반적인 바리스타, 제과제빵 학원이 아니다. 카페 창업을 희망하는 사람들을 대상으로 실무에서 꼭 필요한 교육만을 진행하고 있는 '카페 창업 실무' 전문 학원이다. 그러다 보니 학원은 카페 창업을 목적으로 배우는 사람이 많다.

그런데 최근 들어서는 카페를 운영하는 사장이 상담받기 위해 찾는 경우가 많아졌다. 처음에는 방문 이유가 궁금했다. 카페를 운영하는 사장이 카페 창업 학원은 무슨 일로 찾았을까. 상담하면서 그 이유를 알 수 있었다.

카페 사장들이 학원을 찾는 주된 이유는 디저트와 빵에 관한 교육을 받기 위해서다. 커피에 대해서는 별다른 문제를 느끼지 못하고 대부분 납품받아 판매하던 디저트 및 빵을 직접 만들어 판매하고 싶은 것이다.

아무래도 납품받아 판매하는 제품은 맛은 물론, 경쟁력도 떨어지거니와 마진율도 그다지 높지 않기 때문이다. 이때 나는 다소 당황스러운 질문을 던진다.

"혹시 매일 아침 커피는 드시나요?"

처음 질문을 받은 사장은 대부분 당황해하면서도 매장에서 판매하는 커피는 꼭 마신다고 답한다. 그러면 또다시 질문한다.

"매일 드시는 커피 맛은 괜찮으시던가요?"

여기서부터 아이러니한 결과가 나온다. 카페를 운영하는 사장들은 매일 자신의 매장에서 판매하는 커피를 마신다. 그런데 '커피 맛'은 매일 다르다고 느낀다. 여기서 문제는 커피 맛이 왜 다른지 전혀 이유를 모른다는 것이다. 왜 맛이 다르게 느껴지는지 이유를 물어보면 대답은 가관이다.

"컨디션이 안 좋은 거 같아서요."
"입맛에 따라 달라지는 거 같아요."
"왜 그런지 잘 모르겠어요."

놀랍게도 정말 이렇게 대답한다. 이 글을 읽고 있는 독자는 이런 카페에서 커피를 사 마실 수 있는지 묻고 싶다. 그러나 대부분 이런 카페에서 커피를 마시고 있다.

카페를 운영하는 사장이 커피가 왜 매일 다른 맛을 내는지 이유를 모른다. 심지어 커피 맛이 달라지는 게 문제라는 것조차 인식하지 못하는 사장들도 많다. 직원들도 인식하고 심지어 손님들까지도 알고 있는 문제를 정작 카페를 운영하는 사장들이 알지 못한다. 정말 씁쓸한 일이다.

이런 카페가 잘 된다면 오히려 그게 더 이상한 일이다. 하지만 정작 사장들은 왜 자신의 카페가 매출이 안 나오는지 궁금해한다. 정말 답답하기 짝이 없다.

디저트와 빵을 직접 만들어 판매하는 것도 중요하지만 카페의 주요 판매 제품은 커피와 음료다. 그런데 주요 판매 제품에 대한 이해도가 떨어짐에도 불구하고 수익성이 떨어진다는 이유로 외부로 눈을 돌린다면 카페 매출은 절대 상승할 수 없다. 직접 디저트와 빵을 만들어 판다고 해도 절대 매출은 오르지 않는다.

그래서 나는 카페 창업을 준비하기 위해 학원을 찾는 상담자들에게 꼭 물어보는 질문이 있다.

"혹시 자주 가는 카페에서 커피를 드시면 맛이 일정하던가요?"

상담 받는 대부분 사람이 맛이 다르다는 걸 느낀다. 문제가 있다는 것을 알면서도 그들처럼 카페를 창업하려고 하는 건 '밑 빠진 독에 물 붓는 것'이다.

카페 창업을 준비하는 예비 사장들이 반드시 지켜야 할 것이 있다면, 매일 아침 '커피 맛'을 잡는 데 신경 써야 한다는 것이다. 이런 얘기를 하면 대부분 해야 할 게 많고 복잡하다고 생각한다. 사업을 하는데 이 정도의 관심도 없다면 무슨 사업을 할 수 있을까.

원두는 온도, 습도, 환경에 워낙 예민해서 맛이 쉽게 변할 수 있다. 기본적인 분쇄 단계부터 추출 단계까지 진행되는 과정에서도 맛은 천차만별로 달라진다. 이 때문에 일정한 조건 속에서도 오늘 추출한 커피와 내일 추출하는 커피의 맛이 달라진다.

매일 아침 분쇄부터 추출까지 원두 및 장비를 점검하며 일정한 맛을 유지할 수 있도록 맛을 잡아줘야 한다. 이 정도의 노력은 카페를 운영하는 사장이라면 반드시 지켜야 할 기본이며 이런 노력도 없이 운영하는 카페는 절대 성공할 수 없다는 것을 명심해야 한다.

'커피 맛'을 잡기 위해 필요한 건 '센서리' 훈련이다. 센서리 훈련은 말 그대로 훈련이기에 배우고 연습하면 감각을 키울 수 있다. 흔히 '소믈리에'라고 불리는 직업을 생각하면 된다. 처음부터 맛과 향을 구별할 수 있는 감각을 타고나는 사람은 극히 드물다. 그래서 맛과 향을 구별할 수 있는 훈련법을 배우고, 꾸준한 연습을 통해 감각을 키워야 한다.

카페 사장이라면 센서리 훈련을 통해 자신의 매장에서 판매하는 원두의 맛과 향을 정확히 알아야 한다. 모든 원두에 대해 알 필요는 없다. 처음에는 자신의 매장에서 판매하는 원두에 대해서만 알아도 된다. 대신 완벽하게 알아야 한다. 자신의 매장에서 판매하는 원두의 맛과 향을 완벽하게 이해하고 난 후 다른 원두 공부를 시작해도 늦지 않다.

자신의 매장에서 판매하는 원두가 어떤 맛과 향을 지니고 있는지 정확하게 알고 있어야 고객에게 일정한 커피 맛을 제공할 수 있다. 똑같은 카페에서 오늘 마시는 커피 맛과 내일 마시는 커피 맛이 다르다면 굳이 고객은 손품, 발품 팔아가며 개인 카페를 찾아갈 이유가 없다.

자신의 매장에서 판매하는 원두에 대해 정확히 이해할 수 있을 때까지 끊임없이 노력해라. 센서리 훈련은 반복적인 훈련만이 해결책이다. 향과 맛을 구별할 수 있는 감각을 키우고, 정확한 향과 맛을 고객들에게 제공할 수 있어야 한다.

항상 일정하고 맛있는 커피 맛을 경험할 수 있는 카페라면 고객은 언제든지 지갑을 열어 당신의 카페 매출에 도움을 줄 것이다. 맛있는 걸 꾸준히 먹을 수 있으면 좋겠다는 생각은 누구나 갖고 있다. 당신도 같은 마음일 것이다.

매일 아침 오픈 전, 커피 맛을 확인하자. 그리고 고객에게 매일 똑같은 맛을 제공하기 위해 노력하자. 처음에는 오랜 시간이 걸릴 수 있지만, 익숙해지면 그 또한 습관으로 자리 잡게 될 것이다.

원하는 맛과 향을 찾기 위한 에스프레소 추출 연습

외식사업가 백종원은 말했다.

"음식 맛이나 퀄리티는 기본이고,

그다음에 경쟁력은 손님맞이하는 나의 요령이에요."

내가 계속해서 '맛'의 중요성을 강조하는 이유다.

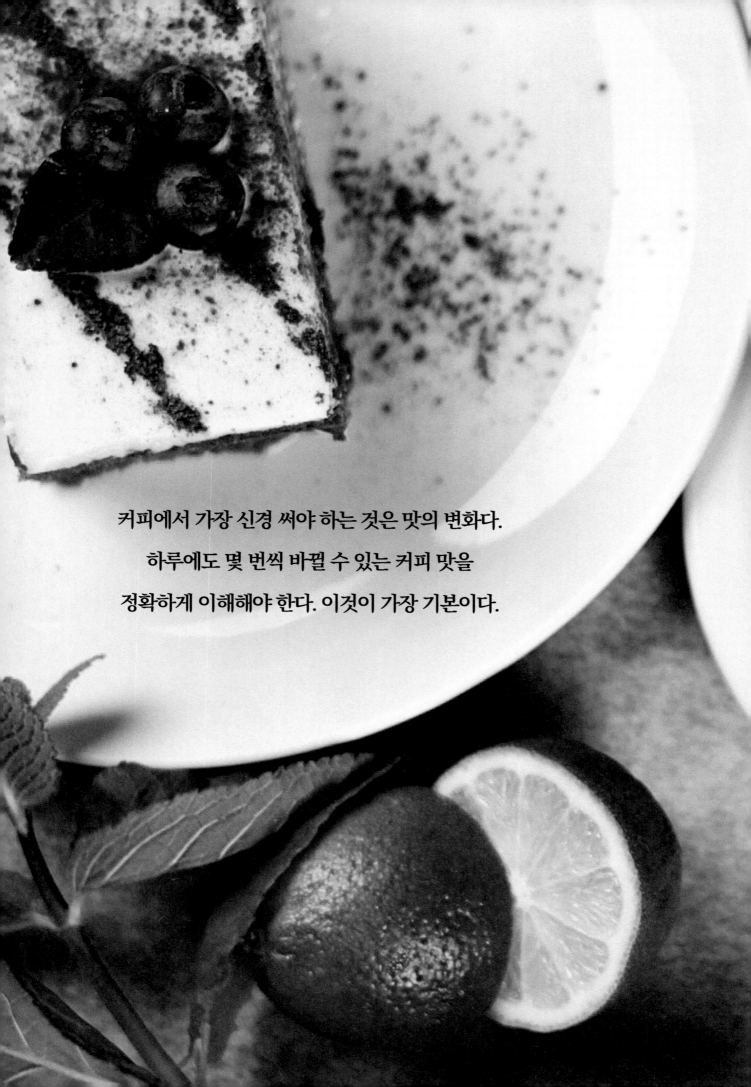

커피에서 가장 신경 써야 하는 것은 맛의 변화다.

하루에도 몇 번씩 바뀔 수 있는 커피 맛을

정확하게 이해해야 한다. 이것이 가장 기본이다.

03

고객이 기억하는 카페가 오래간다

보통 개인 카페를 창업하는 사람들의 흔한 실수 중 또 하나는 개인 카페를 프랜차이즈 카페처럼 운영하는 것이다. 프랜차이즈 카페는 모든 시스템이 체계화되어 있다. 프랜차이즈 카페의 특징은 찾아가는 곳이 아닌 눈에 보여 가는 곳이다.

커피에 관심이 많고 진심인 극소수의 사람들은 같은 프랜차이즈 매장이라도 찾는 매장이 따로 있다. 프랜차이즈 매장이라도 커피 맛의 차이가 있기 때문이다.

그런데 개인 카페의 경우에는 얘기가 다르다. 개인 카페는 눈에 보인다고 해서 들어가는 곳이 아니다. 고객이 손품, 발품 팔아 검색하며 찾아가는 곳이다. 이것이 개인 카페와 프랜차이즈 카페의 가장 큰 차이점이라고 볼 수 있다. 그렇다면 운영 시스템도 차이가 있어야 한다.

먼저 프랜차이즈 카페를 찾는 고객은 눈에 보이면 들어간다. 그리고 원하는 음료 및 디저트를 주문하고 대기 번호를 받아서 대기한다. 잠시 뒤 주문 벨이 울리고 고객은 주문한 제품을 찾는다. 착석해서 음료 및 디저트를 먹거나 포장해서 가져간다. 그런데 개인 카페를 방문해도 이와 비슷한 시스템으로 운영된다.

개인 카페 창업자가 프랜차이즈 카페를 포함해 주변 카페와 경쟁하기 위해서는 차별화 전략이 필요하다. 자신의 매장이 차별화 전략을 갖게 되면 그때부터 경쟁은 무의미해진다. 똑똑한 개인 카페 사장이 시그니처 메뉴를 출시하는 이유다.

여기서 개인 카페 사장들은 또 하나의 문제점을 안고 있다. 고객이 커피와 디저트 맛을 모른다고 생각한다. 도대체 왜 그런 생각을 하는지 모르겠다. 하지만 사실이다. 고객이 커피에 대한 이해도가 높고 맛에 대해 알고 있을 거라 생각하면 자신의 매장에서 판매하는 커피가 어떤 맛과 향을 지니고 있는지 알고 있어야 한다.

그러나 앞서 언급했던 것처럼 자신의 매장에서 판매하는 커피가 어떤 맛과 향을 지니고 있는지 알고 있는 사장들이 거의 없다. 대부분 추천받아 판매하거나, 비싸면 맛있다고 착각하며 판매하는 경우가 많다.

원두가 비싸면 당연히 그 가치는 있다. 하지만 그 가치를 증명하기 위해서는 원두에 따른 정확한 이해가 필요하다. 아무리 좋은 원두를 사용한다 해도 커피에 대한 이해가 없으면 싸구려 커피를 파는 것보다 못한 결과를 얻게 된다는 사실을 꼭 기억해야 한다.

그렇다면 개인 카페가 차별화를 갖기 위해서는 어떻게 해야 할까? 가장 먼저 시도할 수 있는 건 고객에게 판매하는 제품에 대한 정보를 제공해 주는 것이다. 커피, 음료, 디저트, 빵 등 어떤 제품을 판매하더라도 고객에게 제품에 대한 정보를 함께 제공할 수 있

고객의 기억에 남는 건
예쁘고 화려한 것이 아니라
'맛'이라는 걸
꼭 기억해야 한다.
제주에서 먹은 '쉬리니 케이크'

어야 한다.

고객에게 판매 제품에 대한 정보를 제공해 줄 수 있는 시스템은 개인 카페이기 때문에 가능하다. 그러면 대부분 카페의 주문 방식을 확인해 보자.

"주문하시겠어요?"

"네. 아이스 아메리카노 한 잔 주세요."

"0000원 결제해 드릴게요."

"결제되셨고요. 잠시만 기다려 주세요."

어느 카페를 찾더라도 이 주문 체계에서 크게 벗어나지 않는다. 고객이 눈에 띄어서 찾는 곳이든, 인터넷으로 검색하며 찾아가는 곳이든 비슷한 주문 시스템으로 주문이 이뤄진다. 이렇게 해서는 개인 카페로 절대 성공할 수 없다. 잠깐 반짝이는 수입은 얻을 수 있을지 몰라도 절대 장기적인 수입은 거둘 수 없다.

고급 호텔 레스토랑을 떠올려보라. 고급 호텔 레스토랑이 아니더라도 좋은 기억이 있는 음식점이든 레스토랑이든 상관없이 생각해 보라. 분명 음식을 주문하기 위해 메뉴판을 보면 주저리주저리 설명이 쓰여 있을 것이다.

음식을 주문하려고 하면 종업원은 주문하려는 음식이 어떤 재료로 만들어진 음식이며, 어떤 식감과 맛을 지닌 음식이라고 설명해 준다. 거기에 더해 함께하면 좋은 와인 및 음료들도 추천해 준다. 이런 상황에서 추가 메뉴에 대해 거부한 적이 있는가. 차별화된 개인 카페 창업을 위한 기본적인 성공 방식이 바로 여기에 있다.

개인 카페에서 제공하는 커피가 어떤 향과 맛을 지닌 커피이며 어떤 느낌을 전해줄 수 있는지 설명해 주는 건 가장 기본이다. 어쩌면 개인 카페를 찾는 고객들에게 정보를 제공해 주는 건 카페의 의무일지도 모른다. 이런 정보를 제공하려면 얼마의 시간이 걸릴까? 30초도 안 걸린다. 30초의 시간으로 고객에게 자신의 매장을 각인시킬 수 있다.

이와 함께 해당 음료와 함께 먹으면 좋은 디저트 및 빵을 함께 추천해 준다면 고객이 이를 거부할 수 있을까? 대부분 추천해 주는 제품에 대해서 호의적인 반응을 보일 것이다.

인간의 심리는 자신이 알고 있는 것보다 더 많은 정보를 알고 있는 사람에게 끌리는 법이다. 카페 사장이나 직원이 커피에 대한 정보를 제공하는 순간부터 이미 고객의 관심도는 급상승하게 된다. 고객이 더 맛있게 제품을 먹을 수 있다면 당연히 끌리지 않을까.

고객이 개인 카페를 기억하는 이유는 특별함이 있기 때문이다.

특별함의 종류는 다양해서 어떤 것이라고 단정할 수는 없다.

하지만 확실한 건 그 어떤 것도 '맛'을 이길 수는 없다.

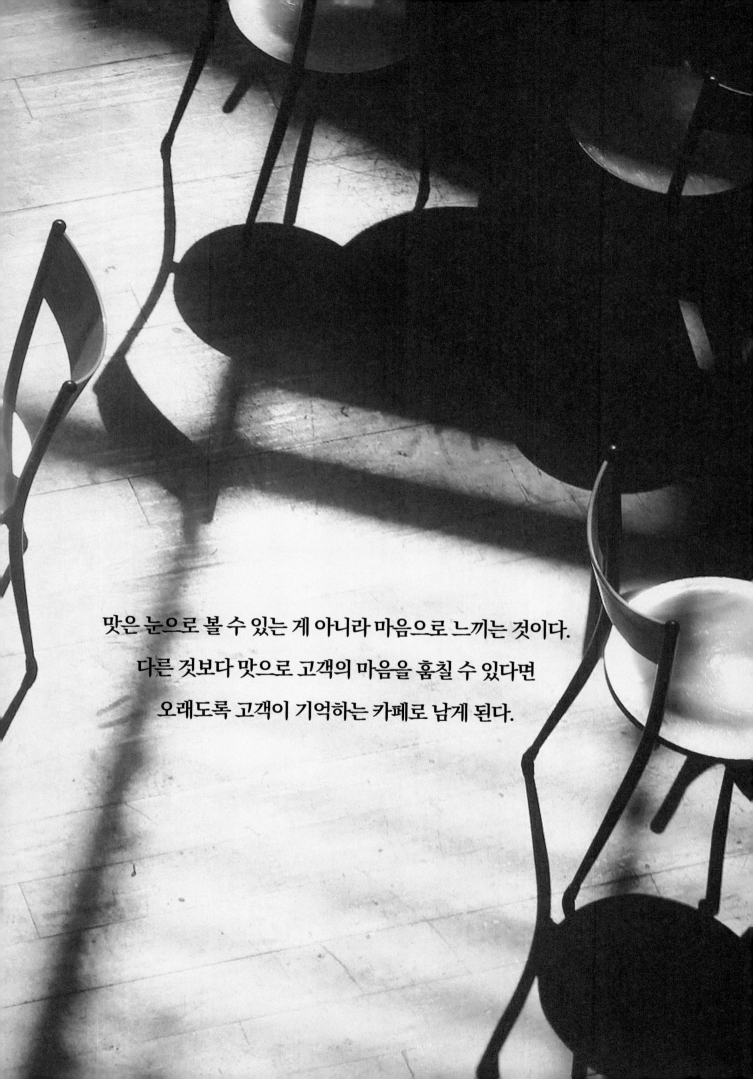

맛은 눈으로 볼 수 있는 게 아니라 마음으로 느끼는 것이다.
다른 것보다 맛으로 고객의 마음을 훔칠 수 있다면
오래도록 고객이 기억하는 카페로 남게 된다.

04

직원도 존중하는 카페가 성공한다

사업의 기본적인 성공 조건은 '시스템'을 갖추는 것이다. 시스템은 나 혼자만을 위한 것이 아니라 모든 사람이 공유할 수 있어야 한다. 시스템 속에는 직원도 포함되어 있다. 앞에서 장사와 사업의 차이를 얘기했다. 내가 없어도 정상적인 운영이 가능한 환경을 만드는 것이 사업이고 시스템이다.

앞서 언급한 얘기처럼 고객들에게 정보를 제공하기 위해서는 먼저 직원들과 소통할 수 있어야 한다. 사장 혼자 아무리 많은 정보를 알고 있다 하더라도 함께 일하는 직원들이 해당 정보를 모른다면 사장이 가진 지식은 무용지물이다.

직원들과 지식 공유하는 것을 절대 두려워하지 마라. 지금은 지식 산업 시대다. 내가 가진 지식을 직원들과 공유하면 직원들이 퇴사하고 카페를 창업할지 모른다는 망상을 버려라.

실제로 이런 불안감과 두려움 때문에 직원들과 소통하는 것을 꺼리는 사장이 많다. 직원들은 어디까지나 월급만 받으면 되는 사람이라는 인식으로 직원들을 대한다. 월급을 주기 때문에 시키는 것만 잘하면 된다고 생각한다. 이런 사장 밑에서는 아무도 일하고 싶어 하지 않는다. 직원에 대한 존중은 없고, 불안감과 두려움만 가득한 사장과 누가 함께 일하고 싶겠는가.

직원들과의 관계를 상하관계로 유지해서는 절대 좋은 카페를 만들 수 없다. 지금은 시대가 변했고, 세상이 변했다. X세대를 거쳐 지금의 MZ 세대로 이어지는 동안 세상이 바뀌었다. 생각하는 방식 자체가 완전히 달라진 것이다. 직원들은 시키는 것만 잘하면 된다는 발상도 버려야 하고, 직원에게 월급만 제때 주면 된다는 안일한 생각도 버려야 한다.

직원들과의 관계를 수평적 관계로 유지하고 직원과 함께 카페를 성장시켜 나간다고 생각하게 되면 직원들은 사장의 진심을 알아차린다. 그리고 힘들 때나 즐거울 때나 함께 할 사람으로 남게 된다. 지금 바로 존중하는 마음으로 직원의 이름부터 다정하게 불러보자.

예전에 근로자들이 '일하고 싶은 회사 1위'로 선택한 곳이
'복지' 좋은 회사라는 기사를 본 적이 있다.
워라밸을 중시하는 세대로 자기만의 시간이
얼마나 주어지는지가 중요한 척도였다.
이 말은 직원은 이제 돈만을 생각하며 일하지 않는다는 것이다.
직원이 원하는 것은 무엇인지, 직원에게 필요한 것은 무엇인지
알고 있다면 직원은 당신과 함께 하는 것을
감사하게 생각할 것이다.

제과 기능장이 말해주는 고객 응대 노하우
나주 '카페 투벤' 운영 중

고객 문제 제기 발생시 대처 요령

카페를 운영하게 되면 많은 돌발 상황을 겪게 된다. 대표적으로는 직원 문제다. 인력 문제는 카페뿐 아니라 사업체를 운영하는 곳이라면 대부분 겪는 문제다. 그래서 여기서는 직원에 대한 문제는 제외하고 고객으로부터 발생하는 문제에 대해 언급하겠다.

맛은 지극히 주관적이다. 누군가는 맛있는 게 다른 누군가에게는 보통의 맛으로 느껴질 수 있다. 그래서 대중의 입맛을 파악해서 맛있는 제품을 만드는 게 중요하다. 그런데 가끔 제품에 대해 문제 제기하는 고객들이 있다. "당일 생산 제품이 아닌 것 같은데요.", "이건 맛이 좀 이상한데요." 이럴 때 어떻게 대처해야 할까?

이런 경우 카페 사장이 제품에 대해 정확히 이해하지 못하면 대처가 불가능하다. 그래서 카페 사장은 직접 제품을 만들 수 있어야 한다. 당일 생산을 하고 있음에도 당일 생산 제품이 아니라고 말하는 고객에게 정확히 설명해 줄 수 있어야 한다. 또한 맛이 이상하다고 말하는 고객에게 왜 그런 맛을 느끼는지 설명할 수 있어야 한다.

그런데 납품받거나 제품에 대한 이해가 없다면 설명을 해줄 수가 없다. 그러면 최악의 경우 고객과 싸우는 일까지 발생한다. 고객으로부터 제품에 대한 문제 제기를 받게 되면 정확한 설명부터 해라. 그리고 다른 제품도 맛볼 수 있도록 서비스도 제공해라. 정말 가끔 있는 일이지만 그런 목적으로 문제를 제기하는 사람들도 있다.

고객의 입맛은 지극히 주관적이다. 맛없다고 말하는 고객에게 입맛이 잘못되었다고 말할 수는 없다. 문제를 제기하는 고객에게는 제품에 대한 정확한 설명이 필수인 만큼 판매하는 제품에 대해 정확히 이해할 수 있도록 끊임없이 노력하기를 당부한다.

카페를 창업하고 나면 반드시 한가한 시간은 생긴다.
하루 종일 바쁘게 돌아가는 매장은 없다.
그러니 한가한 시간을 활용해서 매출 상승을 기대할 수 있는
자신만의 필살기를 준비하길 바란다.

3장

카페 마케팅의 핵심은
'고객'이다

01

사장이 자리를 지켜야 돈이 들어온다

처음 카페를 창업하면 2개월 정도는 무리 없이 매장이 돌아가는 듯 보인다. 사실 이때까지는 정상적인 운영으로 보기 어렵다. 소위 오픈 효과를 보기 때문이다. 가족을 비롯한 지인, 친인척들이 축하한다며 축하 메시지를 보내고 매장을 방문하게 된다. 방문하는 손님을 접대하느라 정신없는 시간을 보내고 나면 어느덧 2개월 정도의 시간이 지나게 된다.

눈에 보이는 게 전부라고 생각하며 살아가는 존재가 인간이기에 눈에 보이는 매출을 보면 순간 부자가 될 수 있을 것이라는 착각에 빠진다. 문제는 이때부터 발생한다. 하루하루 매출이 진짜 매출인지, 가짜 매출인지 구분하지 못한다. 그렇게 3개월 차에 접어들면서 90% 이상의 카페가 매출 하락을 경험한다.

창업한 직후 매출이 없으면 2개월, 3개월 굳이 기다릴 필요 없다. 그냥 바로 문 닫는 것이 낫다. 하지만 대부분 창업을 하면 오픈 효과를 누리게 된다. 이 시기에 반드시 신경 써야 하는 게 있다. 바로 '시스템'을 만드는 것이다.

오픈 효과를 누리는 시기에 꼭 신경 써야 하는 것은 오픈하고 3개월 이후부터 어떻게 매출을 상승시키고 유지할 수 있을지 고민하는 것이다. 그중 가장 중요하게 생각해야 하는 것이 마케팅이다. 마케팅에 대한 구체적인 내용은 뒤에서 자세히 설명할 것이니 여기서는 넘어가기로 하자.

마케팅 다음으로 중요한 것이 매장을 운영하는 카페 사장의 참여도이다. 보통 카페를 오픈하기 전에는 1인 창업을 생각하기도 하고, 직접 매장을 운영하면서 수익을 낼 수 있다고 생각한다.

카페 창업을 위해 학원에 방문하는 대부분 사람이 공통적인 생각을 한다. 그러나 막상 카페를 오픈하고 나면 카페 운영에 직접 참여하는 사장이 많지 않다. 심지어 완전 자동 시스템(Full Auto System)으로 운영하는 사장들도 허다하다. 이런 현상은 여러 가지 이유로 발생한다.

대표적으로는 부업으로 카페를 시작하는 경우이다. 그리고 가족 경영의 경우 이런 현상이 발생하는데 명의만 사장이고 운영은 다른 가족 구성원이 하는 경우이다. 여기까지는 얼마든지 이해할 수 있다. 하지만 문제는 직접 운영해야 하는 사장임에도 불구하고 아르바이트 및 직원에게 업무를 위임하는 경우이다.

지금까지 나는 1만 명 이상의 사람들에게 카페 창업 컨설팅을 진행했으며 카페 창업을 위해 수강한 인원만 3천 명이 넘는다. 상담할 때마다 항상 언급하는 얘기가 반드시 사장은 자리를 지켜야 하고 직접 카페 운영에 참여해야 한다는 것이다.

돈이 많아서 취미로 카페를 하는 사람들은 상관없다. 하지만 카페를 창업하는 대부분은 돈을 벌기 위해 창업한다. 그러면 돈을 벌기 위한 시스템을 만들어야 하며 시스템은 사장이 만들어야 한다. 그 어떤 누구도 대신 만들어줄 수 없다.

직원이 알아서 돈을 벌어다 줄 것이라 생각하는가. 인테리어가 예쁘면 고객이 알아서 찾아와 줄 것이라 생각하는가. 이런 착각으로 카페를 창업하기 때문에 폐업의 단계를 밟는 것이다. 실제로 카페 창업 상담을 진행하면서 놀랄 때가 많다. 카페 창업을 너무 쉽게 생각한다.

소비자로서 바라보는 카페의 모습은 버튼 한 번 누르면 분쇄되고, 버튼 한 번 누르면 추출되니 카페 창업은 별것 없다고 생각한다. 디저트와 빵은 납품 업체를 통해 생지를 받으면 된다고 생각하니 정말 쉽다고 생각한다.

이것이 지금 카페 창업을 시작하는 사람들의 현재 모습이다. 그렇다고 모아 놓은 돈이 많아서 까먹어도 되는 돈으로 시작하는 게 아니다. 여기저기 대출을 끌어다가 시작하는 사업을 이렇게 준비하고 있다.

그런데도 카페 운영은 오픈과 동시에 관심이 사라지고 아르바이트 및 직원들에게 맡긴다. 이런 유형의 사장이 매장에 출근하는 시간은 마감 시간 전, 정산 때이다. 매출이 조금이라도 떨어지면 노심초사하고 직원들에게 화풀이한다. 그리고 시간이 지날수록 회복의 기미가 보이지 않게 되면 있는 직원들마저 해고한다.

직원들은 무슨 죄가 있을까. 정작 사장은 매장에 코빼기도 비치지 않고 매장 운영에 필요한 모든 걸 직원들에게 위임한 사람이 정작 책임은 직원들에게 돌린다.

내가 처음 학원을 개원하고 회사 대표라는 타이틀이 생기면서 외부로 나가는 일이 많아졌다. 그런데 시간이 지나면서 의미 없이 밖으로 나가는 일이 많아졌다. 믿을 만한 직원이 있다는 생각에 나도 모르게 그런 행동을 한 것이다. 습관이 이래서 무섭다.

처음에 외출할 때는 잠시만 자리를 비워도 마음이 불편했다. 한 번도 회사 생활을 하면서 그런 적이 없었다. 그런데 그것도 반복하다 보니 익숙해지기 시작했고 불편함은 편안함으로 느껴지기 시작했다. 무의식적인 편안함은 자주 밖으로 나가는 빌미가 되었다.

학원 매출은 2년 동안 비슷한 수준을 유지했다. 많이 떨어지지도, 많이 오르지도 않으며 비슷한 수준의 매출이 유지되고 있었다. 내가 자리를 비워도 매출이 유지되고 있으니 별로 심각성을 느끼지 못했다.

그러던 어느 날, 내가 자리에 있을 때와 없을 때 매출액 차이가 있는지 비교해 보고 싶었다. 막상 비교해 보니 내가 자리를 지키고 있을 때 항상 매출이 높은 것이다. 그때부터 나는 특별한 일 아니면 절대 자리를 비우지 않는다(내가 자리에 있어야 매출이 높다는 사실을 직원들은 이미 알고 있었다).

사장이 흔하게 하는 실수 중 하나가 직원이 사장이라는 생각으로 일하면 좋겠다고 생각하는 것이다. 그러면서 '나 때는 이랬는데.'라며 '꼰대' 소리를 듣기 시작한다. 시대가 변하고, 세상이 변했다. 이제 그런 생각은 버려야 한다.

직원은 절대 사장이 될 수 없다. 사장처럼 일할 수 없고, 사장의 마음가짐도 갖지 못한다. 직원은 사장이 아니다. 직원이 사장의 마음을 이해만이라도 해주면 정말 감사한 일이다.

나 또한 대표라는 타이틀을 얻으며 직원들이 사장의 마음으로 일해줄 거라고 생각했다. 그러나 대표의 부탁으로 좀 더 신경 쓰는 정도, 딱 거기 까지다.

직원은 사장이 아니라는 사실을 받아들이자 매출이 더 이상 높아질 수 없는 이유를 깨닫게 되었다. 그 후 나는 직원보다 좀 더 일찍 출근하기 시작했다. 그리고 항상 자리를 지켰다. 전화 업무도 직접 하고, 상담 업무도 직접 하기 시작했다. 그러면서 매출은 조금씩 증가하기 시작했다.

어떤 사업이든 사장이 자리를 지키고 있지 않으면 사업은 정상적인 운영이 불가능하다. 항해를 시작하는데 선장이 자리에 없다면 배가 어디로 가겠는가. 카페를 '장사'라고 생각하는 사람이 있고, '사업'이라고 생각하는 사람이 있다. 장사는 사장이 직접 제품을 만들어 판매하는 영역이고 사업은 사장이 시스템을 만들어서 시스템에 의해 돌아가는 영역이다.

장사든 사업이든 사장이 절대적으로 참여해야 한다. 사장이 참여하지 않는 카페는 장사로서도 사업으로서도 망한 것과 같다.

사장이 자리를 지켜야 하는 이유는
단지 일을 위해서가 아니다. 시스템을 만들기 위해서다.
시스템은 하루아침에 만들어지지 않는다.
그래서 지속적인 관심이 필요하다.
사장이 자리를 비워도 정상 운영이 가능하다면
'시스템'이 완성된 시기일 것이다.
자리를 비워도 되는 시기는 그때부터다.

02

한가한 시간을 돈 버는 시간으로 만드는 방법

카페 운영 중 한가한 시간은 언제일까? 언제일지 예측이 어렵다면 바쁜 시간이 언제일지 생각해 보면 된다. 카페가 보통 바쁜 시간은 출퇴근 시간, 점심시간, 저녁 시간이다. 그럼 나머지 시간은 다소 여유로운 시간이 될 수 있다.

출근 시간 이후 일부 학부모들은 자녀를 등교시킨 후 삼삼오오 모이는 곳이 카페이기도 하다. 여유 시간을 그냥 아무렇지 않게 흘려보내는 것은 돈을 버리는 것이다. 시간이 곧 돈이다. 어쩌면 바쁘다고 생각했던 시간에 얻게 되는 매출보다 여유 시간을 통해 얻는 매출이 더 높을 수 있다고 생각해야 한다. 생각이 차이가 결과의 차이다.

　예를 하나 들어보자. 내가 매일 들르는 프랜차이즈 카페가 있다. 나는 매일 출근 전 사우나에 들러 하루를 시작한다. 사우나를 마치면 바로 카페로 향한다. 아메리카노 한 잔을 마시면서 하루를 준비한다.

　내가 자주 찾는 카페는 커피가 맛있어서 찾는 게 아니라 사우나를 마치고 나오면 1층에 있기 때문이다. 프랜차이즈 카페는 찾아가는 곳이 아니라 눈에 띄어서 찾는 곳이니까. 그런데 부동산 사장을 통해 카페 상황을 전해 듣게 되었다.

　처음 오픈했을 당시, 프랜차이즈 카페 월 매출이 약 7천만 원 정도 나왔다고 한다. 그런데 근처에 다른 프랜차이즈 카페가 들어서면서 매출이 4천만 원 정도로 떨어졌다는 것이다. 3천만 원 정도의 매출이 떨어졌다는 것은 수익이 그만큼 줄었다는 것을 의미한다. 이런 경우 어떻게 해야 할까?

내가 카페 창업 상담을 진행하면서 프랜차이즈 카페가 아닌 개인 카페를 추천하는 이유가 있다. 프랜차이즈 카페는 매출이 줄어도 대응할 방법이 없다. 처음 창업을 준비할 당시에는 당연히 상권이 좋았을 것이다. 하지만 언제까지 좋은 상황이 유지될 수는 없다. 오늘 오픈했는데 당장 내일이라도 경쟁 업체가 들어설 수 있기 때문이다.

이런 문제가 발생하게 되면 대부분 상황을 탓한다. 아니 어쩌면 상황 탓을 할 수밖에 없는 처지일 수 있다. 그래서 언제라도 발생할 수 있는 위기를 벗어나기 위해서는 경쟁력을 갖춰야 한다. 어떤 위기에 직면하더라도 벗어날 수 있는 경쟁력이 나는 개인 카페 창업이라고 생각한다.

카페 창업 상담을 진행하면서 경쟁력을 갖추기 위한 일환으로 나는 교육을 추천한다. 교육기관으로서의 교육이 아닌 '공방' 형태의 교육이다. 보통 '원데이 클래스'라는 이름으로 일일 강의를 많이 시작하는데, 바로 그런 교육이다.

원데이 클래스가 자리를 잡으면 정규 클래스를 운영할 수도 있다. 이때 주의해야 할 것이 제대로 된 교육을 진행해야 효과를 얻을 수 있다. 돈만을 벌기 위해서 제대로 준비하지 못한 채 시작하는 교육은 오히려 역효과를 불러올 수 있다. 반대로 제대로 준비하고 시작한다면 생각 이상의 수입을 얻을 수 있다.

앞서 프랜차이즈 카페의 월 매출이 3천만 원 정도 줄었다고 말했다. 그럼 단순 계산으로 일 100만 원의 매출이 줄어든 셈이다. 이때 매출이 줄었다고 상황 탓만 할 게 아니라 만회할 수 있는 방법을 찾아야 한다. 하지만 프랜차이즈 카페는 방법이 없다.

반면 개인 카페는 얼마든지 만회할 수 있는 방법을 찾을 수 있다. 다양한 방법이 있지만 가장 먼저 시작할 수 있는, 그 첫 번째가 교육이다.

대중들의 커피에 대한 관심도가 높아지고 있고, 홈베이킹에 관심 있는 사람들이 많다. 고객의 요청에 따른 교육을 진행할 수도 있으며, 자체 교육을 진행하며 고객에게 홍보하는 방법도 있다. 카페에서 진행하는 '커피 원데이 클래스'의 경우 재료비 여부에 따라 차이는 있지만 최소 5만 원 정도는 책정할 수 있다. 그리고 홈베이킹에 필요한 과정의 경우 3만 원~10만 원까지 다양하게 책정할 수 있다.

물론 이때에도 주의해야 할 것은 적정 가격을 책정해야 한다. 팁을 한 가지 알려주자면 무조건 좋은 재료를 사용할 것을 권한다. 저가 재료를 사용해서 클래스 비용을 낮게 책정하는 것보다 좋은 재료를 사용하고 그에 맞는 비용을 책정하는 것이 훨씬 유리하다. 비록 원데이 클래스로 진행하는 교육이지만 반드시 '맛'의 중요성을 강조할 수 있어야 카페에도 좋은 영향을 미치기 때문이다.

이런 클래스 교육을 진행할 때 수강 인원을 모집하는 건 그리 어렵지 않다. 내가 운영하는 학원처럼 교육만을 위한 수강생을 모집하는 경우 홍보를 위한 부대비용이 많이 발생한다. 하지만 카페를 운영하면서 교육 인원을 모집하는 데는 그리 많은 홍보비를 지출할 필요 없다.

처음부터 맛있는 제품을 만드는 카페라고 알려지면 고객은 관심을 갖는다. 그런 카페에서 판매하는 제품을 만들 수 있다면 누구라도 한 번쯤 배우고 싶을 것이다. 그래서 카페 창업을 시작할 때 맛을 최우선으로 생각해야 한다.

그러면 계산을 다시 해보자. 월 매출 3,000만 원이 떨어졌다. 일 매출 기준으로 100만 원이 줄어든 셈이다. 그래도 하루 평균 140만 원 정도의 매출이 나오고 있어 하루 평균 200명 정도는 매장을 방문할 것으로 예상해 볼 수 있다.

커피 한 잔 마시는 고객이 많겠지만 편의를 위해 1인당 객단가를 1만 원으로 가정해 보자. 월 기준 6,000명이 매장에 방문할 경우, 10%의 인원이 원데이 클래스에 관심을 보인다면 5만 원*600명으로 대략 3,000만 원 정도의 매출을 확보할 수 있게 된다.

너무 기준이 높다고 생각하는가. 그러면 보수적으로 생각해서 1%의 인원이 관심을 보여 매출액이 300만 원이라고 가정하자. 60명의 인원이면 하루 교육으로 가능한 매출이다.

한 달 기준으로 고객에게 필요한 커리큘럼을 제대로 구성해서 5일 강의를 하게 되면 1,500만 원의 매출이 생기고, 10일 강의를 하게 되면 3,000만 원의 매출이 생긴다. 그 이상 강의를 하게 되면 더 높은 매출도 가능하다.

보통 원데이 클래스 소요시간은 3시간~4시간이다. 한가하다고 생각되는 시간을 어떻게 활용할 수 있을지 생각하면 더 이상의 한가하고 여유로운 시간은 없을 것이다. 이런 모든 긍정적인 효과를 얻기 위해서라도 반드시 카페 사장은 매장 운영에 필요한 모든 것을 확실하게 이해하고 알아야 한다.

내가 운영하는 학원도 마찬가지다. 매일 전화 문의가 폭주해서 바쁘거나, 상담자가 많아 시간이 부족한 날이 없다. 전화 업무로 바쁜 시간이 있고, 상담의 경우 예약된 시간을 제외하고는 대체로 한가한 시간이다. 그럼 남는 시간은 어떻게 활용하는 것이 좋을까?

사업 초기에는 남는 시간 동안 나는 외출했다. 학원 주변을 둘러보고 바깥 상황을 둘러본다는 이유였다. 사실 그렇게 나가도 할 일이 없다. 그런데도 학원 시간이 한가하다는 이유로 외출하는 것이다. 그런데 마케팅을 직접 하기 시작하면서 바뀌게 되었다.

전화 업무 및 상담 업무를 제외한 시간은 마케팅을 위한 시간으로 활용했다. 블로그를 쓰고, SNS를 올리고, 마케팅에 필요한 모든 것을 진행했다. 한가한 시간을 활용해서 마케팅에 필요한 것들을 하나씩 진행하자 놀라운 일이 생겼다. 문의량이 증가하는 것이다.

블로그를 읽고 문의하는 사람이 늘어나고, SNS를 통해 메시지를 보내는 사람이 늘어났다. 한가한 시간이라고 해서 밖으로 나갈 때는 바람 쐬는 것 말고는 전혀 기대할 수 있는 것이 없었다. 하지만 같은 한가한 시간을 이용해 학원 홍보를 위한 마케팅을 진행하면서 매출 상승을 기대할 수 있는 문의량이 증가하기 시작했다. 문의량 증가는 학원 매출 증가와 정비례한다.

카페를 창업하고 나면 반드시 한가한 시간은 생긴다. 하루 종일 바쁘게 돌아가는 매장은 없다. 그러니 한가한 시간을 활용해서 매출 상승을 기대할 수 있는 자신만의 필살기를 준비하길 바란다. 한가한 시간을 이용해 '제품 포장법'을 공부한 사람이 있다. 좀 더 이쁘게 포장하면 판매율이 높아진다는 것을 알았기 때문이다.

이후 카페 매출은 어떻게 되었을지 잠시나마 상상해 보라.

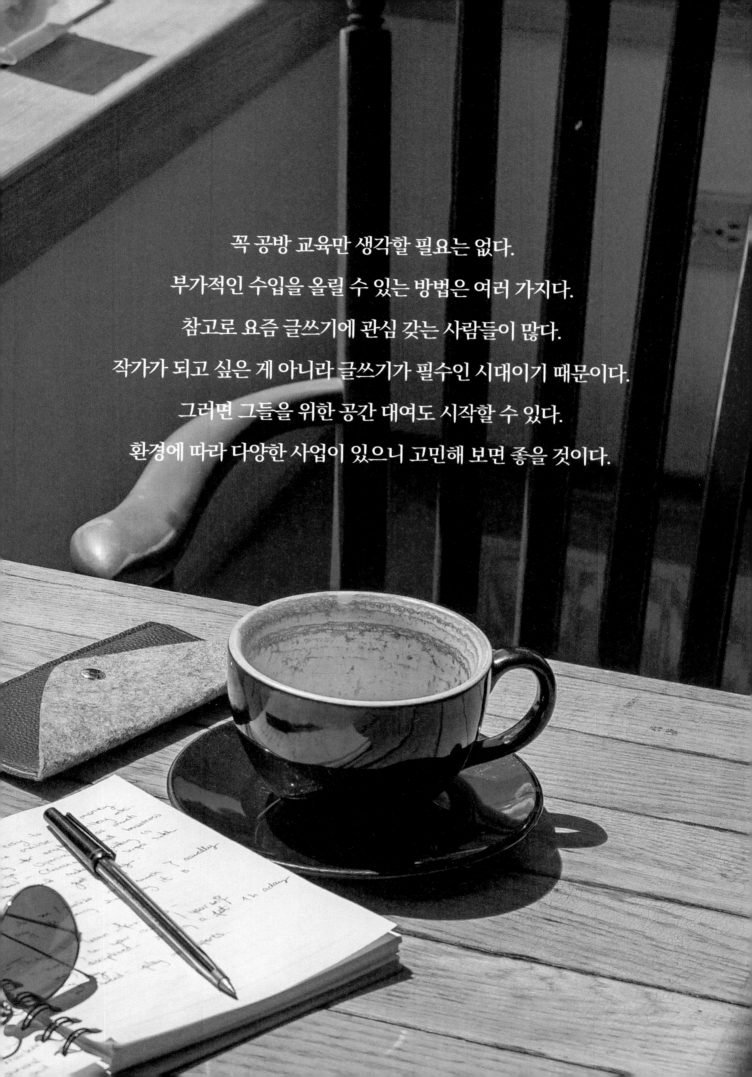

꼭 공방 교육만 생각할 필요는 없다.

부가적인 수입을 올릴 수 있는 방법은 여러 가지다.

참고로 요즘 글쓰기에 관심 갖는 사람들이 많다.

작가가 되고 싶은 게 아니라 글쓰기가 필수인 시대이기 때문이다.

그러면 그들을 위한 공간 대여도 시작할 수 있다.

환경에 따라 다양한 사업이 있으니 고민해 보면 좋을 것이다.

03

수익을 높이는 효율적인 마케팅 방법

앞서 카페 오픈하고 3개월 정도 지나면 매출이 하락한다고 했다. 그 이유를 자세히 살펴보도록 하자. 계속해서 하는 말이지만 카페를 창업하는 이유는 돈을 벌기 위해서이다. 돈을 벌기 위해서는 돈을 벌 수 있는 시스템을 만들어야 한다.

시스템의 선봉에는 사장이 있다. 그렇다면 돈을 벌기 위해서는 사장이 모든 것을 진두지휘할 수 있어야 한다. 그런데도 카페를 창업하는 수많은 사장이 실수하는 것은 자신이 아닌 타인에게 모든 것을 맡기는 것이다.

"카페를 창업하고 나면 이후 홍보는 어떻게 하실 계획이세요?"

"요즘 마케팅 잘하는 업체들 많으니까 그런 곳에 맡겨 볼까 합니다."

카페를 창업한 사람이 커피에 대한 이해와 베이커리에 대한 이해가 전혀 없다. 커피는 업체에서 추천해 주는 원두로 판매하면 된다고 생각하고, 베이커리는 생지 납품 업체를 통해 납품받으면 된다고 생각한다. 또한 마케팅 대행업체에 마케팅을 위임하면 매출이 나온다고 생각한다. 얼마나 안타까운 일인지 모른다.

커피 및 베이커리 납품 업체부터 마케팅 대행업체까지 나 대신 돈을 벌어다 줄 사람이 누가 있다고 생각하는가. 단 한 명도 없다. 업체는 자신의 돈벌이에 관심이 있는 것이지 카페 사장이 돈을 얼마나 버는지에 대해서는 전혀 관심이 없다. 그런 곳에 돈까지 주고 있으니 얼마나 한심한 일인가.

카페를 창업하기로 결심했다면 모든 것을 사장이 직접 할 수 있어야 한다고 했다. 센서리 훈련을 배워서 커피 맛을 잡을 수 있어야 하고, 디저트와 빵을 직접 만들 수 있어야 한다. 홍보를 위한 마케팅도 직접 공부하고 배워서 효과적인 홍보 방법을 찾아야 한다.

블로그, SNS, 지식인, 카페, 카카오 등 어떤 마케팅이 고객에게 효과적인지는 직접 경험해야 알 수 있다. 그럼 이런 질문을 하는 사장들이 있다.

"혼자서 어떻게 커피, 디저트, 빵을 만들고 마케팅까지 다 할 수 있나요? 그건 혼자서 불가능한 것 아닌가요?" 이런 생각을 하기에 타인에게 맡기는 것이다.

내가 말하는 요점은 맡기더라도 직접 경험하고 타인에게 맡기라는 것이다. 마케팅 업체에 대행을 맡길 때, "매장이 추구하는 방향이 어떤 쪽이며, 어느 부분에서 마케팅 효과가 저조한 것 같으니 해당 부분을 좀 더 집중적으로 관리를 해주면 좋겠다."라고 말할 수 있어야 한다.

타인에게 업무를 위임할 때는 내가 할 수 있고, 해야 하는 일을 맡기는 것이다. 내가 직접 하는 것보다 타인이 하는 것이 나에게 더 이익이라는 생각이 들 때 위임하는 것이다.

직원을 채용하는 것도 마찬가지다. 무조건 직원을 뽑지 않겠다는 사장이 있고, 무조건 직원을 뽑겠다고 말하는 사장이 있다. 이 부분은 정답이 없다. 직원을 뽑기 위해서는 내가 직접 일을 하는 것보다 대신 일해 줄 직원을 채용하는 것이 이익이라는 판단이 될 때 직원을 채용하는 것이다. 이익이 없을 거라 판단되면 채용할 수 없다.

여기서 말하는 이익이란 사장이 직접 일을 하는 것보다 대신 일해 줄 직원을 채용했을 때 더 많은 이익을 얻을 수 있는 것을 말한다. 그런데 직원을 채용한다, 안 한다를 미리 결정하는 것은 카페라는 좁디좁은 공간에 모든 생각이 집중되었기 때문이다.

카페를 처음 창업하는 사람이라면 무조건 모든 업무를 혼자 시작하길 바란다. 커피도 직접 배우고, 디저트 및 빵도 직접 배워야 한다. 카페 운영에 필요한 마케팅도 직접 배워야 한다. 그리고 직접 해야 하는 것과 위임해야 하는 것을 가려내서 위임해도 되는 것을 타인에게 맡기는 것이다. 단, 타인에게 맡길 때는 정확한 정보를 제공해 줄 수 있어야 하고, 그러기 위해서는 반드시 알아야 한다.

무지는 죄가 아니라고 했다. 다만 무지라는 것을 알면서도 배우려 하지 않는 것은 '죄'다. 잘못되었다는 걸 알면서도 방치하는 것 또한 '죄'다. 자신에게 더 이상 '죄'짓는 행동을 반복하지 않았으면 하는 바람이다.

앞으로 카페 창업을 준비하는 모든 사람이 지금까지 말한 모든 사항을 꼭 염두에 두고 창업을 준비했으면 좋겠다. 그리고 성공하는 카페 창업을 했으면 하는 바람이다. 하고 끝마칠까 하다가 몇 가지 더 알았으면 좋겠다는 생각에 추가 사항을 말해주고자 한다.

첫 번째, 카페 창업을 준비하는 사람 중 고객은 비싸면 구매하지 않는다고 생각하는 사람들이 많다. 고객들이 싼 것을 좋아한다고 착각한다. 이런 생각을 하는 사장들을 보면 시대의 흐름을 전혀 이해하지 못하고 있다는 생각이 든다. 시대가 바뀌고, 너무나 빠른 속도로 세상이 변해가고 있다.

지금 고객은 절대 싸다고 좋아하지 않는다. 만약 고객이 싼 것을 좋아한다면 그것은 단지 제품 자체가 싸기 때문이 아니다. 똑같은 제품을 싸게 살 수 있기에 좋아하는 것이다. 소비자들의 소비 행태를 분석한 결과에 따르면 고가의 제품이 물밀듯 팔리고 있다. 심지어 고가의 제품을 사기 위해 '오픈런'을 감행하며 몇 시간을 기다리기도 한다.

반대로 저가 제품도 인기다. 다이소 매장에 방문하면 언제나 고객들로 붐빈다. 이를 '소비 양극화 현상'이라고 한다. 중간 가격의 메리트가 없어지고 많이 싸거나, 많이 비싸거나 둘 중 하나가 소비 심리를 자극하는 것이다.

현재 카페 창업을 준비하는 예비 사장과 대화를 나누다 보면 "예비 사장이 정말 잘될 수 있을까?" 하는 의구심이 생길 때가 있다. 그래서 나는 직접 물어본다.

"커피 가격은 어느 정도 가격대로 판매하는 것이 좋을까요?"
"디저트 및 빵은 어느 정도 가격대에 판매하는 것이 좋을까요?"

주변 상권을 확인한 예비 사장들은 대부분 생각하는 판매 가격대가 있다. 반면 사전 정보 없이 이런 질문을 받은 예비 사장은 보통 중저가로 가격대를 생각한다. 그런데 여기서 중요한 건 왜 그런 판매가를 생각했느냐는 것이다. 대부분 판매가를 정하는 기준은 주변 카페에서 판매하는 가격을 기준으로 생각한다.

예를 들어 지금 오픈하려는 카페 주변에 'A 카페'와 'B 카페'가 있다고 가정해 보자. 'A 카페'에서는 아메리카노를 2,000원에 판매하고 있으며 디저트 평균 가격대가 2,500원 정도이다. 그리고 'B 카페'에서는 아메리카노를 2,800원에 판매하고 있으며 디저트 평균 가격이 3,500원 정도이다. 그럼 내가 오픈하는 매장에서 판매하는 커피와 디저트의 가격대는 어느 정도로 책정해야 할까?

이 글을 읽는 독자가 카페 창업으로 성공하기 위해서는 질문 자체가 틀렸다는 것을 눈치채야 한다. 부디 그런 사람들이 많았으면 좋겠다. 위에 언급한 질문은 이미 질문 자체가 틀렸다. 이 말은 대부분 카페 사장이 실수하는 것으로 '판매가를 먼저 정하는 것' 자체가 잘못되었다는 뜻이다.

장기적으로 지속 성장 가능한 카페를 창업하기 위해서 가장 기본이자 중요한 것은 '맛'이다. 좋은 맛을 지속적으로 유지하기 위

마케팅 채널은 셀 수 없이 많다. 그 모든 걸 다 할 수는 없다.

자신이 할 수 있는 마케팅 채널을 선택하고,

최대한 많은 채널을 선택하라. 그리고 꾸준히 관리하라.

어디서, 어떻게 효과가 나타날지 알 수 없다.

인스타를 통해 방문하는 고객이 있고,

블로그를 통해 방문하는 고객이 있다.

그리고 많이 찾아보지 않는 유튜브를 통해

방문하는 고객 수가 인스타, 블로그보다 더 많을 수 있다.

나 혼자 카페 마케팅 TIP

1. 네이버/구글/카카오 지도 등록

모든 사이트는 업체 위치를 등록할 수 있는 서비스를 제공하고 있다. 네이버, 구글, 카카오는 필수 등록 사이트로 사업자 등록증 발급 즉시 매장 등록을 신청해야 한다. 개인 카페는 검색을 통해 방문한다는 걸 잊지 말자.

2. 네이버 플레이스 정보 등록하기

네이버 지도에 업체 등록할 때 반드시 업체 정보를 입력해야 한다. 간혹 업체 정보를 입력하지 않고 위치만 등록하는 경우가 있다. 매장에 대한 정보가 없으면 고객은 관심 매장에서 제외한다. 따라서 매장 사진부터 판매 제품 및 가격까지 자세한 정보를 등록해야 한다.

또한 고객이 매장 정보를 확인하기 위해 업체 정보를 클릭할 경우 소식 및 블로그에 대한 정보도 함께 확인할 수 있다. 마케팅의 핵심은 고객과의 소통인 만큼 소식 및 블로그 관리를 철저히 해야 한다.

3. 네이버 플레이스 광고 진행하기

네이버 지도가 등록되면 네이버 광고 관리 시스템을 통해 '플레이스 광고'를 진행할 수 있다. 소액 광고 진행으로 매장 정보를 지속해서 상위에 노출할 수 있는 장점이 있으며 창업 초기 무료 홍보 서비스도 제공하고 있으니 적극 이용하면 좋다.

4. 네이버 블로그 시작하기

고객과의 소통은 마케팅의 기본이다. 매장에 대한 정보를 비롯해 고객들에게 유익한 정보를 제공할 수 있는 블로그를 시작해라.

2일~3일 기준으로 한 개의 포스팅을 꾸준히 기록하면 분명히 매출에 도움이 될 것이다. 참고로 현재 네이버 블로그의 경우 처음 블로그를 시작해도 상위 노출이 가능하다.

5. 카페 홍보를 위한 인스타 시작하기

마케팅도 목적이 분명해야 한다. 인스타를 활용하는 이유는 매장 및 제품에 대한 이미지를 보여주기 위함이다. 최대한 깔끔하고 예쁜 사진을 찍을 수 있도록 사진 기술을 배우면 좋다.

6. 인스타 광고 진행하기

인스타 채널 유무와 상관없이 광고를 진행할 수 있다. 많은 고객이 매장 정보를 아는 것이 중요한 만큼 지속적인 노출이 이뤄질 수 있도록 소액 광고를 시작해라.

7. 카카오톡 채널 등록

카카오톡 채널은 카페 운영에 직접적인 도움이 되진 않는다. 다만, 인스타와 함께 매장 및 제품에 대한 이미지를 지속해서 올리고, 추후 공방 교육을 시작하는 경우 적극 활용하면 큰 도움이 될 수 있다.

8. 유튜브 운영하기

이미지 마케팅에서 영상 마케팅으로 추세가 바뀐 만큼 유튜브 활용은 꼭 필요한 마케팅 채널이다. 그러나 처음 유튜브를 시작하는 경우 대본 및 편집에 어려움이 있을 수 있으니 스마트폰을 이용한 영상 촬영부터 시작하는 것이 좋다.

Vrew 앱처럼 영상 촬영 후 자막 처리까지 한 번에 가능한 어플이 많으니 편하게 사용할 수 있는 앱을 선택해서 사용하면 된다.

9. 지역 신문 홍보 기사 등록

카페 창업 후 지역 언론 홍보 기사는 등록하는 게 효과적이다. 보통 기사 하나에 5만 원~7만 원 정도 된다. 여러 기사를 등록하는 경우 패키지로 묶어 저렴하게 판매하는 기사광고도 있다. 언론 기사 활용은 지속해서 광고하는 것보다 오픈 기념으로 한 번 정도 진행하면 된다.

10. 지역 TV 광고 진행하기

SK브로드밴드는 '우리동네 B tv'를 운영한다. 지역 방송 시간에 광고할 수 있는 채널로 원하는 가격으로 진행할 수 있는 TV 광고

다. SK브로드밴드 이외에도 각 케이블 방송사마다 운영하는 TV 광고 상품이 있으니 여유가 된다면 활용해 보는 것도 매출에 도움이 된다.

지금 당장 눈앞에 보이는 이익을 위해

고객을 외면하는 우를 범하지 마라.

고객을 우선으로 생각한다면 언젠가 고객으로부터

인정받는 순간을 반드시 맞이하게 될 것이다.

4장

돈 버는 카페 창업을 위한
5가지 핵심 전략

01

'고객'을 위한 카페 창업
VS
'나'를 위한 카페 창업

많은 사람과 상담하면서 '고객'이 원하는 것과 '내'가 원하는 것에 대해 오락가락하는 사람이 많다는 것을 알게 되었다. 성공을 기본 조건으로 생각할 때 가장 먼저 충족되어야 하는 것이 바로 '고객을 위한 것인가'이다.

모든 성공의 기본 조건이기도 한 '고객을 위한 것'이란, 고객이 원하고, 필요로 하는 것을 제공할 수 있을 때 성립된다. 따라서 성공을 위한 카페를 창업하고 싶다면 '고객' 중심으로 생각해야 한다.

실패하는 카페를 가만히 들여다보면 '나'를 중심으로 생각하는 경우가 많다. 성공의 중심에 '내'가 있다고 생각하기 때문이다. 성공과 실패, 어느 쪽으로 생각이 기울어지느냐에 따라 카페 창업의 결과는 결정된다. 그러면 '고객'이 원하는 카페와 '내'가 원하는 카페는 어떤 차이가 있을까?

'고객'이 원하는 카페는 접근성이 원활하고 편하게 방문할 수 있으며 편한 분위기 속에서 맛있는 제품을 먹을 수 있는 곳이다. 손품, 발품을 팔아가며 카페를 알아보기 때문에 그런 열정을 인정받을 수 있는 이벤트도 있었으면 할 것이다. 이외에도 고객이 원하는 카페는 다양하다.

그런데 '내'가 원하는 카페를 생각하게 되면 주변에 어떤 카페들이 있는지 먼저 알아보게 되고 주변 카페들이 무슨 제품을 파는지 알아본다. 주변 카페와 다른 인테리어를 생각하게 되고 다른 제품을 파는 것이 차별화라는 생각에 차별화된 제품을 위한 '납품 업체'를 알아본다.

좀 더 큰 납품 업체를 찾기라도 하면 주변 업체보다 더 나은 제품을 공급받을 수 있을 거라고 착각하며 그것이 곧 차별화라고 생각한다. 그리고 마지막은 자신의 선택을 고객이 좋아해 주길 기대한다. '나'를 위한 카페를 생각하는 사람은 '돈'에 집중하는 중대한 실수를 저지른다.

카페 창업이 '돈'을 벌기 위해 시작하는 것임은 분명하다. 하지만 '돈'이 목적이 되어서는 안 된다. 돈을 바라보는 것이 아니라 돈이 들어오는 환경을 만들어야 한다. 상담을 진행하면서 이런저런 대화를 나누다 보면 혼란을 겪는 사람이 많다.

'고객'과 '나'의 중간에서 길을 잃는 것인데 이런 현상이 나타나는 이유는 앞서 언급한 '자신에 대한 믿음'이 부족하기 때문이다. 대부분 카페 창업을 준비하면서 오랜 시간을 투자하고 손품, 발품 팔아가며 창업을 준비한다. 그런데 왜 믿음이 부족할까?

가장 큰 문제는 정작 자신이 할 수 있는 게 없다는 것이다. '고객'과 '나'의 중간에서 헤매는 대부분 사람이 스스로가 할 수 있는 것이 많지 않다는 것을 알고 있다. 또한 창업 준비 과정에 있어 알게 된 지식이 별 도움이 되지 않는다는 것도 알게 된다. 그렇다 보니 스스로에 대한 믿음이 없다.

수강생이 만든
무화과 깜빠뉴(위)

청포도 생크림
소보로빵(아래)

172 카페 창업 제대로 알고 시작하기

시간이 지날수록 불안감은 커지고 조급해지기 시작한다. 그렇게 스스로에 대한 믿음은 점점 사그라들게 되고 결국 외부에서 들리는 얘기들로 준비하게 된다.

대부분 카페 창업을 준비하려면 오랜 시간이 걸린다고 말한다. 어딘가에 취업해서 경험도 쌓아야 한다고 말한다. 그리고 창업하려면 자격증도 취득해야 한다고 말한다. 그렇게 준비해도 많은 사람이 힘들다고 말하기 때문에 그 정도도 준비하지 않으면 실패한다고 말한다.

대부분 사람이 이런 말들에 속아서 '진짜 실패'를 하게 된다. 스스로에 대한 믿음이 있다면 절대 외부의 그 어떤 말에도 흔들리지 않을 것이며 자신이 원하는 방향으로 준비할 수 있다. 스스로에 대한 믿음을 갖기 위해서 그동안 준비했을 것이고, 스스로에 대한 믿음을 갖기까지 강한 신념이 생겼을 것이다.

내가 학원 창업을 준비하면서 가장 중요하게 생각하던 게 '수강생에게 도움이 될 수 있는 교육이 무엇일까?'에 대한 것이다. 20년 동안 학원에서 일하며 수강생에게 도움 되는 것과 도움 되지 못하는 것에 대해 알고 있었다.

학원을 개원하면서 수강생을 위한 학원이라는 점을 절대 잊지 말자고 스스로 다짐했다. 처음 학원을 개원하고 1년 반 동안 정말 힘든 시기를 보냈다. 아무리 필요한 것을 얘기해도 사람들이 들어 주지 않았다.

수많은 학원들이 국비 교육을 진행하며 자격증을 배워야 한다고 말한다. 그런데 우리 학원은 절대 자격증을 배우지 말라고 말하며 카페 창업을 위해서는 자격증이 아닌 실무 교육을 배워야 한다고 말한다.

내가 학원 사업을 시작한 궁극적인 이유는 돈을 벌기 위해서다. 돈을 벌기 위해 남들처럼 국비 교육을 진행했다면 지금보다 더 쉽게 돈을 벌고 있을 것이다. 하지만 그렇게 운영해야 하는 학원이라면 안 하는 게 낫다고 생각했다.

가치 없는 곳에 내 소중한 시간을 쓰고 싶지 않았다. 그렇게 힘든 시기를 버티고 이겨내며 오직 수강생에게 도움 되는 학원을 만들겠다는 나의 신념은 조금씩 결과로 나타나기 시작했다. 수강

중, 수강 후 수강생으로부터 단 한 건의 문제 제기가 없었다. 또한 수강생들은 꼭 필요한 교육이 무엇인지 배움을 통해 느끼고 있었다. 그런 얘기를 들을 때마다 항상 감사한 마음이다.

지금 당장 눈앞에 보이는 이익을 위해 고객을 외면하는 우를 범하지 마라. 고객을 우선으로 생각한다면 언젠가 고객으로부터 인정받는 순간을 반드시 맞이하게 될 것이다. 고객으로부터 인정받는 순간이 되면 당신은 자연스럽게 돈을 벌 수 있는 환경에 놓이게 된다.

스스로 목표를 세우고 목표를 이룰 수 있다는 신념을 가지고 준비하는 사람은 절대 실패하지 않는다. 실패조차 성공의 발판으로 생각하는 마음의 여유가 있을 테니 말이다. 그렇게 미뤄지는 시간에 대해서도 느리다고 생각하지 말아라. 성급하게 갈 것이 아니라 오래도록 길게 가기 위함이다.

'고객'을 위한 카페를 만들 것이냐, '나'를 위한 카페를 만들 것이냐 그 생각의 차이가 카페 창업의 성패로 연결된다는 것을 꼭 기억했으면 한다.

어느 사업이든 고객을 우선으로 생각하는 회사는

쉽게 무너지지 않는다.

여기에는 굉장히 단순한 공식이 적용된다.

회사에서 판매하는 유, 무형의 상품을

구매해 주는 대상이 고객이기 때문이다.

그래서 돈을 우선시하는 생각보다

고객을 우선시하는 생각이 늘 성공하는 것이다.

02

베이커리 카페 창업 자격증
VS
실무

요즘 카페 트렌드가 '베이커리 카페'라는 건 대부분 알고 있는 사실이다. 그래서 카페 창업을 준비하는 사장들도 '베이커리 카페' 창업을 위한 정보를 얻는다. 그럼 베이커리 카페 창업을 준비하기 위해서는 무엇을, 어떻게 준비해야 할까? 지금까지 설명했던 것을 잘 한번 생각해 보자!

당신은 지금 '베이커리 카페 창업'을 준비하고 있다. 그래서 카페 창업에 필요한 '무언가'를 배워야 한다. 왜! 배우려고 하는가?

무엇을 알고 싶어서 배우려고 하는가? 베이커리 카페 창업을 위해 '무언가'를 배우려는 이유는 '돈'을 벌기 위해서이다.

'돈'을 벌기 위해서 '무언가'를 배우려는 것이고, 돈을 벌려면 '무언가'를 판매할 수 있어야 한다. 간단히 정리하면 당신은 돈을 벌기 위해 베이커리 카페 창업을 준비하고 있으며 판매할 수 있는 '무언가'를 배워야 한다. 여기서 중요한 것이 '판매할 수 있는 무언가'이다.

당신은 지금 제과제빵에 관련된 학문을 습득하기 위함이 아니다. 논문을 쓰기 위해서도 아니며, 누군가를 교육하기 위함도 아니다. 단지 카페를 창업하고 바로 판매할 수 있는 제품을 배워서 만들어 파는 게 목적이다.

당장 필요한 무언가를 오늘 배워서 내일 팔 수 있어야 하는데도 불구하고 대부분 사람은 불필요한 '자격증'을 배우려고 한다. 대부분이 아무 소용 없다는 걸 알면서도 왜 '자격증'을 배우려고 할까? 바로 '두려움' 때문이다.

자신이 모른다는 것에 대한 두려움이다. 그래서 수많은 사람이 두려움을 해소하기 위해 '자격증'을 취득하려 하는 것이다. 자격증을 취득하면 결과로 보여줄 수 있는 실물이 남게 되니까. 그렇게

수강생이 만든 소금빵(위), 딸기 다쿠아즈(아래)

자격증을 취득하면 스스로 만족감을 얻게 되고, 누군가에게도 '자신이 할 수 있는 사람'이라는 걸 증명할 수 있다고 생각한다. 정말 대단하고 위대한 착각이다.

제과제빵 기능사 자격증은 국가 고시가 아니다. 매월 수시로 시험이 진행되며 남녀노소 불문하고 나이 제한도 없어 누구나 응시할 수 있는 시험이다. 또한 자격증이 카페 창업을 위해서 필요한 자격 사항도 아니다.

자격증을 준비하는 것은 불필요한 것을 준비하느라 돈과 시간만 낭비하는 셈이다. 그 어떤 누구도 당신이 '제과제빵 기능사' 자격증을 가지고 있다고 해서 알아주지 않는다.

실제로 상담하면 자격증을 걸어두려 한다고 말하는 사람이 있다. 오히려 역효과만 불러올 것이다. 간혹 카페를 방문하면 잘 보이는 곳에 바리스타 자격증을 걸어둔 곳이 있다. 그런 카페에서 판매하는 커피치고 맛있는 곳을 본 적이 없다.

왜냐하면 커피를 잘 알고 있는 사람이라면 오히려 자격증을 치워둘 것이다. 불필요한 자격증 대신 커피에 대한 게시물을 걸어두는 게 더 낫기 때문이다. 카페는 겉으로 보여주기 위해 창업하는 게 아니다. 오직 당신은 '돈'을 벌기 위해 카페를 창업하는 것이다.

절대 이 사실을 잊으면 안 된다.

자신이 모른다는 것에 대한 두려움을 해소할 수 있는 가장 확실한 방법은 '알면' 된다. 알게 되는 순간 두려움은 해소된다. 그 '앎'을 자격증 교육으로 오해해서는 안 된다. 여기서 '앎'이란 고객을 만족시킬 수 있는 '무언가'를 알고 있느냐는 것이다.

카페 창업을 준비하는 사람들이 아무런 두려움 없이 스스로를 믿기 위해서는 즉시 판매할 수 있는 제품을 만들어 보는 것이다. 이것만큼 스스로 자신감을 얻을 수 있는 게 없다. 생각해 보라. 내가 만든 제품이 시중에서 판매하는 제품보다 맛있고 가격 경쟁력도 있다면 팔릴까? 안 팔릴까?

결국 자신감이 생기면 두려움은 자연스럽게 사라진다. 팔리는 제품을 직접 만들 수 있고, 거기에 잘 팔리는 제품까지 만들 수 있다면 스스로에 대한 자신감은 하늘 높은 줄 모르고 솟아오를 것이다.

축구 경기에서 지고 싶지 않은 경기를 원하면 수비를 정말 잘하면 된다. 그런데 수비를 잘해서는 절대 이길 수가 없다. 고작 비기는 게 최선의 결과일 것이다. 우리는 모두 이기고 싶어 한다. 그래서 당신은 이기기 위해 노력해야 한다. 그럼 이기기 위한 방법을 찾아 준비해야 한다. 이것만이 카페 창업으로 성공할 수 있는 유일한 선택이다.

더 이상 아무런 도움도 안 되는 자격증 취득한다고 시간, 돈 낭비하지 마라. 당장 팔 수 있는 제품을 만드는 것에 모든 정신을 집중해라. 그러면 무엇을, 어떻게 배워야 하는지 알 수 있을 것이다.

베이커리 카페 창업 시 주의해야 할 것이 있다. 유명하다는 이유로
판매 제품을 선택해서는 안 된다. 서울, 경기에서 인기 있는 제품이
지방에서는 관심 없는 경우가 있다. 지역마다 잘 팔리는 제품은
차이가 있다. 고객의 성향이 다르기 때문이다. 그래서 상권 분석을
하는 것이다. 판매 제품 선택할 때 유명한 제품이 아닌
팔리는 제품을 선택할 수 있기를 바란다.

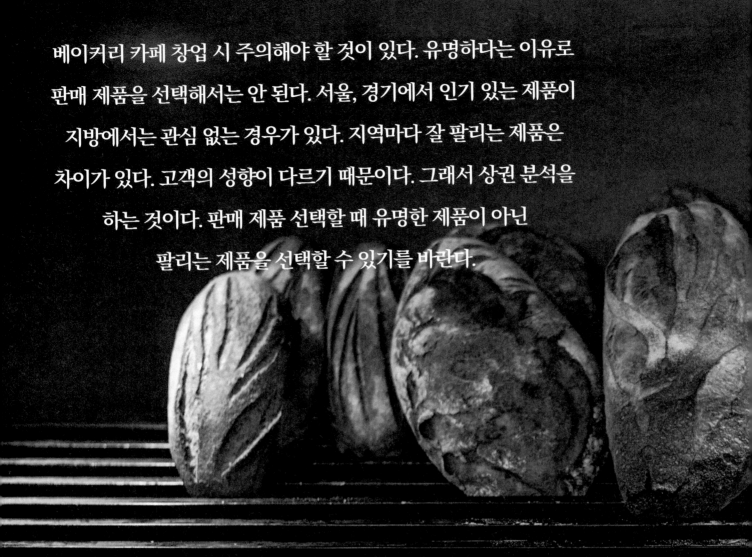

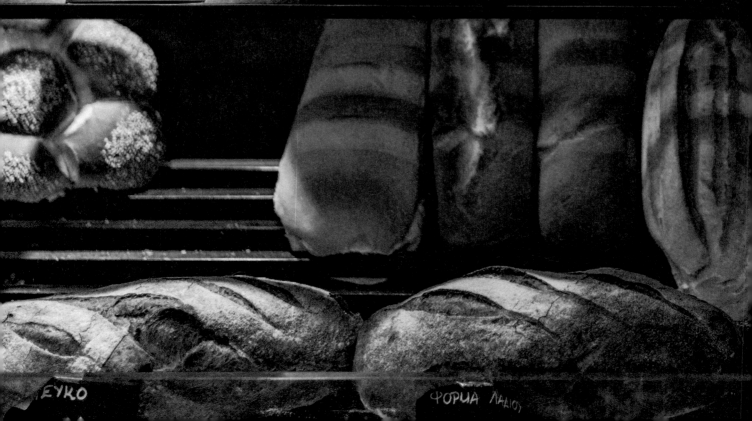

ΘΡΑΚΙΩΤΙΚΟ
0.90 € /τμx

ΧΩΡΙΑΤΙΚΟ   ΚΑΡΒΕΛΑΚΙ

03

대량 생산 판매

VS

소량 생산 판매

불과 1년 전까지만 해도 가장 대중적이고 기본적인 카페 창업 형태는 커피 및 음료, 디저트를 판매하는 매장이었다. 하지만 이런 형태의 카페는 워낙 경쟁이 치열하고 중심 상권은 이미 포화 상태이기 때문에 새로운 창업 전략이 필요했다.

프랜차이즈 카페 또한 A급 상권으로 창업할 곳이 없다 보니 B급 상권 또는 골목 상권에 창업하는 실정까지 다다랐다. 하지만 창업을 준비하는 사람이라면 A급 상권에 대한 욕심이 있다.

출처 : 본원에서 수강 중인 카페 예비 창업자 작품

그래서 가장 먼저 전략적으로 창업하게 된 아이템이 '수제 케이크 전문점'이다. A급 상권부터 시작해 골목 상권까지 수제 케이크 전문점을 어렵지 않게 찾아볼 수 있다. 그런데 케이크 전문점은 한 가지 문제가 있다. 마진율은 높은데 매출 자체가 나오지 않는 것이다.

높은 마진율의 효과를 얻기 위해서는 매출이 높아야 한다. 하지만 '케이크는 특별함'이라는 고객들의 선입견으로 특별한 날이 아니면 케이크를 찾지 않는다. 그래도 주변을 둘러보면 예약이 힘들 정도로 운영이 잘 되는 케이크 전문점을 찾아볼 수 있다.

케이크 매장이 잘 되는 곳은 매주 로또 1등 당첨자가 나오는 것과 같다고 생각하면 된다. 마케팅 능력이 뛰어나거나 케이크의 퀄리티가 남들보다 월등히 뛰어나거나. 그 정도의 위치에 오르기까지 얼마나 오랜 기간 연습하고 노력했을지 생각해 보라.

소위 '잘나가는 사람'처럼 되고 싶다면 그들보다 더 많은 시간과 노력을 해야 한다. 하지만 대부분 사람은 그런 시간과 노력은 하지 않고 그들처럼 되고 싶어 한다.

아무튼 케이크 전문점이 생각만큼 매출이 발생하지 않게 되자 다른 차선책이 필요했다. 그래서 시도된 것이 '소형 베이커리 카페'다. 제과점으로 분류된 빵집들도 판매하는 모든 제품이 잘 팔리는 건 아니다. 고객들이 선호하는 제품들은 따로 있고, 잘 팔리는 제품이 따로 있다. 그래서 그런 제품들만 선별해서 카페에서 팔기 시작한 것이다.

광주만 하더라도 파리바게뜨, 궁전제과, 베비에르, 브레드 세븐 등 잘나가는 제과점이 몇 개 있다. 제과점마다 잘나가는 제품이 있으며, 제과점마다 고객이 선호하는 제품들이 다르다. 요즘 베이커리 카페가 트렌드로 자리매김하면서 역으로 제과점이 '베이커리 카페화'하기 시작했다. 파리바게뜨는 '카페 아다지오'라는 이름으로 매장 내부에 카페 공간을 만들었다. 궁전제과는 제과점 일부를 카페 공간으로 만들었다.

이처럼 베이커리 카페가 트렌드로 자리매김하기 시작하면서 소형 베이커리 카페가 빠른 속도로 늘어나기 시작했다. 소형 베이커리 카페가 자리를 잡아감에 따라 대형 베이커리 카페로 추세가 확산되고 있다. 그래서 요즘 많은 예비 창업가들이 베이커리 카페 창업을 준비한다.

그런데 베이커리 카페 창업을 준비하는 대부분 사장이 직접 제품 만드는 것을 꺼린다. 모른다는 이유로, 어렵다는 이유로 직접 생산을 꺼린다. 그렇다 보니 생지를 납품받아 판매하려고 한다. 앞서 언급했듯이 그런 방식으로 운영하는 대부분 카페가 제대로 운영되지 못하다는 것을 알고 있는데도 말이다. 개인 카페가 프랜차이즈 카페 형태로 운영하는 것은 실패하는 지름길이다.

고객들이 개인 카페를 찾는 이유는 그 카페만의 향과 맛이 있기 때문이다. 개인 카페는 그냥 지나가는 길에 들르는 카페가 아니다. 맛있는 디저트와 빵을 먹기 위해 손품, 발품 팔아가며 검색한다.

그만큼 고객이 시간을 들여 카페를 검색하고 찾아가는 곳이 개인 카페이다. 그런 개인 카페를 프랜차이즈 카페처럼 운영한다면 결과는 뻔하지 않겠는가.

프랜차이즈 카페 형태로 운영하고 싶다면 프랜차이즈 카페로 창업하는 것이 바람직하다. 하지만 프랜차이즈 카페의 경우 가장 큰 걸림돌은 자본금이다. 개인 카페 창업에 비해 프랜차이즈 카페는 많은 투자 비용이 발생한다.

돈을 아끼고 싶다면 그만큼 몸으로 때워야 한다. 투자 비용을 아끼고 싶다면 그만큼 개인적으로 해야 할 일이 많아진다는 뜻이다. 비용도 아끼고 개인적으로 해야 할 일도 하지 않겠다면 카페 창업은 포기하는 것이 좋다. 두 마리 토끼 잡으려다가 한 마리도 제대로 못 잡는 신세가 될 테니 말이다.

개인 카페로 창업하는 가장 큰 이유는 '투자 비용'이다. 그리고 자신이 원하는 방식으로 운영할 수 있어서다. 자신이 원하는 방식에는 분명 '맛'도 포함되어 있을 것이다. 남들이 창업하는 것과 똑같은 방식으로 창업한다면 성공 가능성이 얼마나 될까? 이미 답은 정해져 있다. 그래서 차별화된 전략이 필요하며, 남들과 다른 방식으로 카페를 운영해야 하는 것이다.

남들과 다른 차별화된 전략의 첫 번째 중요 사항은 누가 뭐래도 '맛'이다. '맛'에 대한 차별화가 없다면 이미 경쟁력에서는 뒤처질 수밖에 없다. 고객이 손품, 발품을 팔아가며 개인 카페를 찾아가는 이유도 결국 맛있는 제품을 먹을 수 있다는 기대감 때문이다. 이미 '맛'에 대한 기준을 가진 고객들은 자신이 먹는 제품이 어떤 맛인지 알고 있다.

카페의 성패는 결국 고객의 입맛으로부터 결정된다고 해도 과언이 아니다. 고객의 입맛을 사로잡는다면 카페는 성공할 것이고, 고객의 입맛으로부터 외면당한다면 카페는 결국 실패하게 된다. 남들과 다른 차별화된 '맛있는' 제품을 만들기 위해서 노력해야 하는 이유다.

따라서 창업 초기 빠른 시기에 자리를 잡기 위해서는 직접 제품을 생산하며 고객의 반응을 살펴야 한다. 매장에서 잘 팔리는 제품이 무엇이며, 고객의 선호도가 높은 제품은 무엇인지 재빠르게 확인해서 마케팅 전략도 수립해야 한다. 이때 꼭 기억해야 할 것이 있다.

디저트와 빵을 매장 오픈 전에 대량으로 만들어놓고 문 닫을 때까지 판매하는 사장들이 있다. 오전부터 저녁까지 판매하는 제품을 오픈 전에 모두 만들어 놓는다. 오전에 만들어놓은 빵을 저녁에 먹으면 어떤 맛일까? 고객이 본연의 맛을 느낄 수 있을까?

갓 만들어진 빵이 맛있는 이유는 말 그대로 방금 만들었기 때문

제주 '미쁜 제과' 정갈하고 깔끔하게 소량 진열되어 있다.

이다. 당연히 시간이 지나면 지날수록 맛은 떨어진다. 따라서 카페에서 판매하는 제품의 맛을 유지하기 위해서는 제품 생산 시간을 하루 최소 두 번은 정해야 한다.

상황이 된다면 가장 이상적인 생산은 제품을 소량씩 만들고 판매 상황을 지켜보며 수시로 생산하는 것이다. 그러면 고객은 언제 먹더라도 똑같은 맛을 경험할 수 있다. 그러나 수시로 제품을 생산하는 것이 어려운 경우라면 최소한 2회 이상 생산하는 것은 꼭 지켜야 한다. 맛있는 제품을 지속해서 판매하기 위해서는 끊임없는 관심을 가져야 하며 이것이 곧 고객 서비스를 위한 기본이다.

얼마 전, 내가 운영하는 학원 본사 가맹본부에서 창업 지원한 카페를 방문할 일이 있었다. 인천에 있는 카페다. 새벽부터 준비하고 인천으로 향했다. 주말 점심시간 무렵 카페에 도착했다. 2개 동으로 지어진 카페였다.

1개 동은 주문과 판매를 위한 공간으로 약 40평 정도 되었다. 그리고 1개 동은 고객이 착석해서 먹을 수 있는 약 150평 정도의 공간으로 이루어져 있었다. 넓은 야외 테라스도 있었다. 도착한 지

30분쯤 되었을 때 모든 착석 공간은 고객들로 만석이 되었다. 실내, 실외 할 것 없이 만석이었다.

나는 가장 먼저 커피 맛이 궁금했다. 그런데 생각보다 특별한 맛이 아니었다. 아이스 아메리카노 한 잔에 5,800원이었는데 크기로는 스타벅스 톨과 그란데 사이즈 중간이었다. 특별한 맛이 아니라고 말한 건 가격 대비 느낄 수 있는 그 카페만의 '특별함'이다.

매장만의 특별한 맛이 없다는 생각이 들면서 왜 카페가 잘 되는지 궁금했다. 일시적인 현상일까, 아니면 내가 모르는 특별함이 있는 걸까. 그래서 나는 다시 매장 안으로 들어갔다. 처음 커피를 주문했을 때 사람에 가려 미처 보지 못하던 것이 있는데 디저트와 빵이었다.

내가 다시 매장 안에 들어섰을 때 매장 직원은 빵을 정리하느라 정신이 없었다. 갓 나온 빵을 진열하고 있었는데 수량이 많지 않았다. 한 종류 기준으로 10개 정도의 제품을 진열하고 있었다. 고객들은 제품이 진열됨과 동시에 가져가느라 바빴다.

내가 매장에 들어섰을 때 직원이 제품을 진열하기 시작했는데 제품을 둘러보는 동안 진열 제품은 모두 소진되었다. 그리고 또 얼마 지나지 않아 갓 나온 제품을 진열하고 있었다. 주방 내부에 얼마나 많은 제빵사가 근무하고 있는지 알 수는 없었지만 적지 않은 인원이 제품을 생산하고 있다는 것은 짐작할 수 있었다. 제품이 소진되자마자 바로 채워질 수 있었으니 말이다.

매장을 둘러보고 있을 때쯤 함께 카페를 둘러보기로 한 가맹본부 직원들을 만났다. 얘기를 들어보니 해당 카페는 본사에서 원두 및 재료를 납품하는 곳이고 인테리어도 진행한 곳이라고 했다. 물론 인테리어는 고객이 원하는 방향으로 본사에서 진행한 것이다.

가맹본부의 직원은 카페가 다 좋은데 커피가 좀 문제라고 했다. 이유는 직원들이 수시로 바뀌다 보니 커피 맛을 제대로 잡지 못한다는 것이다. 내가 커피를 마시며 느꼈던 그 맛은 카페에서 제대로 만들어내지 못한 맛이었다.

그런데 놀라운 건 카페 매출이었다. 평균적으로 평일 기준 일매출은 약 700만 원 정도이고, 주말 매출은 약 1,500만 원~2,000만 원 정도 된다고 했다. 높은 매출을 자랑할 수 있었던 원동력은

제품이 소진되자 출고 시간을 알려주고 제때 진열하는 모습.
해당 제품은 진열하자마자 바로 소진되었다.

무엇일까? 바로 디저트와 빵이다. 커피 및 음료는 판매액이 높은 제품이 아니다. 마진율이 높은 제품이다. 그러나 디저트 및 빵은 마진율보다 판매액이 높은 제품이다.

그래서 카페 매출을 극대화하기 위해서는 커피 및 음료, 디저트 및 빵 모두 잘 팔려야 한다(인천 카페가 앞으로 베이커리뿐만 아니라 커피 맛까지 특별함을 갖춘다면 최고 매출과 최고 이익률을 기록하게 될 것이다).

앞서 수제 케이크 전문점에 대해 말했다. 아무리 마진율이 높더라도 인천 카페처럼 매출 자체가 나오지 않으면 마진율은 아무 의미가 없다. 3만 원짜리 팔아서 2만 5천 원이 남는다 한들, 하루 3만 원 판다면 무슨 의미가 있겠는가.

내가 방문한 인천 카페는 내가 생각한 것보다 높은 매출을 보였다. 그 이유를 카페 운영 모습을 지켜보고 나서 이해할 수 있었다. 고객에게 맛있는 제품을 끊임없이 판매하기 위한 시스템을 갖추고 있었다.

앞선 모녀 이야기에서 인테리어 업자가 한 얘기를 기억하는가.

고객이 앉을 수 있는 공간은 많이 팔고 난 이후 해결해야 할 문제다. 많이 팔지 못하면 매출 자체가 나오지 않는다. 많이 팔 수 있는 환경을 만들고, 이후 추가로 필요한 공간을 만들어야 한다.

아침에 카페를 방문한 고객이 저녁에 방문했음에도 아침에 먹은 커피와 빵 맛을 똑같이 느낄 수 있다면 고객은 충성 고객으로 바뀔 것이다. 고객 스스로 카페 홍보도 해줄 것이다. 카페가 잘 되어야 맛있는 제품을 오랫동안 먹을 수 있을 테니까. 항상 똑같은 맛을 느낄 수 있도록 신경 써주는 카페가 고마울 테니까. 소량의 제품을 수시로 만들어야 하는 진짜 이유를 깨닫기 바란다.

가끔 인스타에 올라온 카페 사진을 보면 대량으로 제품을
생산해 놓고 '모두 소진'이라고 올리는 글을 보게 된다.
절대 따라하지 말기를 당부한다. 아침에 만들어놓고 저녁까지
판매하는 제품은 절대 고객이 만족하지 못한다.
고객의 입장에서 생각해보면 더 이해하기 쉽다.
그러니 사장이라는 이유로 카페 입장만 생각하기보다
고객의 입장으로 카페를 바라볼 수 있는
마음의 여유도 갖기 바란다.

04

밥벌이를 위한 카페 창업
VS
돈벌이를 위한 카페 창업

카페 창업을 준비하는 사람들이 반드시 기억해야 할 것은 '카페는 카페 하나만을 위해서 시작하는 사업이 아니다.'라는 점이다. 카페를 창업하는 이유는 또 다른 사업을 영위해 나가기 위한 초석을 다지기 위해 시작하는 것이다.

대부분 카페를 창업하기 전, 무엇을 어떻게 배우고, 어디서 어떻게 원재료를 납품받아야 하는지 고민한다. 그리고 월별 또는 일별 매출이 어느 정도 나오면 좋을지도 상상한다. 예쁜 인테리어를 원하고, 상권 분석을 위해 괜찮은 자리가 어디인지 알아보며 카페 매장 하나만을 위해 생각한다.

하지만 카페 하나만을 바라보고 시작하는 사업은 절대 크게 성장할 수 없다. 생각하는 건 돈이 드는 것도 아닌데 작게 생각해서 좋을 게 없다. 크게 상상하라. 그리고 더 높게 상상하라. 돈 한 푼 들지 않으며 크고 높은 곳까지 상상하는 것은 당신의 자유다.

이게 중요한 이유는 카페와 연계해서 시작할 수 있는 사업이 무궁무진하기 때문이다. 단지 밥벌이를 위해 시작하는 것인지, 돈벌이를 위해 시작하는 것인지에 따라 성공의 크기가 결정된다.

예를 들어 A라는 사장은 카페 하나만을 바라보고 창업을 시작했다. 처음 시작하는 사업이다 보니 여러 가지 생각할 겨를이 없다. 하나라도 잘되어야 한다는 생각에 인테리어부터 오픈한 후 매장 운영까지 어떻게 해야 할지 계획을 잡는다.

그렇게 예산을 정하고 창업을 진행한다. 허가 사항에 필요한 정보까지 얻었기에 문제없이 술술 일이 진행된다. 인테리어 업자를 만나 미팅하며 원하는 시안이 나올 때까지 확인한다. 최종 만족스러운 인테리어 조감도가 나온 것을 확인한 후 인테리어를 진행한다. 인테리어가 진행되는 동안 집기 및 기기 업체들을 만나 미팅하며 인테리어 완료 시점에 맞춰 장비를 들인다.

인테리어부터 오픈 준비까지 아무리 신경 써서 준비하더라도 대부분 100% 만족하지는 못한다. 그래도 원하는 대로 준비됐다고 생각하며 기대감 가득 안고 매장 오픈을 준비한다. 대체로 이렇게 시작한 창업은 이대로 끝나기 마련이다.

더 이상 무언가를 새롭게 시작할 수 있는 발판을 만들 수 없다. 왜냐고? 창업 이후 온갖 정신이 카페 하나에만 집중되기 때문이다. 다른 생각은 고사하고 하루하루 매출만 신경 쓰며 전전긍긍하는 일이 발생한다. 모든 사업이 그렇듯 사업은 잘돼도 걱정이고 안 되면 더 많이 걱정된다.

이제 B라는 사장의 다른 카페 창업 방식을 살펴보자. B 사장은 카페 창업을 시작하면 경쟁력을 갖춰야 한다고 생각한다. 그래서 발판을 만들기 위해 로스터기를 갖춰야겠다고 생각했다. 지금 당장은 아니더라도 반드시 로스팅을 직접 하며 자체 원두를 생산할 계획을 갖는 것이다.

그리고 창업 이후 걱정이 줄어들고 자신감이 생기고 나면 공방 교육도 해볼 심산이다. 커피 및 디저트에 관심 있는 사람들이 많아지고 있는 만큼 자체 교육도 생각하는 것이다.

카페는 오픈해서 문을 닫는 순간까지 바쁘게 돌아가지 않는다. 중간중간 여유 시간이 생기기 마련이다. 그 시간을 그냥 헛되게 보내는 것이 아니라 돈 버는 시간으로 만들기 위해 공방 교육을 생각한다. 또한 생각대로 카페가 잘 운영되면 '프랜차이즈 가맹사업'을 해보고 싶다고 생각한다.

기존 프랜차이즈 형태로 운영하는 것이 아니라 차별화된 전략을 모색하며 방안도 강구해 본다. 비록 모든 것이 생각대로 이뤄져야 하지만 그래도 생각하면 좋아지는 기분 탓에 기대감을 갖고 카페 창업을 시작한다.

이 두 사람의 결과는 어떻게 될까? 당연히 B 사장이 잘될 수밖에 없다. 성공한 사람들이 말하는 공통점 중 하나는 '뿌린 대로 거둔다.'라는 말이다. 지금 뿌리는 씨앗이 시간이 지남에 따라 결실을 얻는다는 것이다. 당장 눈앞에 주어진 카페만을 위해서 신경을 쓰는 사람과 미래에 만들어질 파이프라인을 계획한 사람의 결말은 당연히 달라질 수밖에 없다.

이미 과학적으로 입증된 것은 "생각이 감정을 만들고, 감정이 행동을 만들며, 행동이 결과를 만든다."라는 것이다. 故 정주영 회장은 "모든 일의 성패는 그 일을 하는 사람의 사고와 자세에 달려 있다."라고 말했다.

성공을 위한 카페 창업을 시작하려 한다면 수익을 만들 수 있는 파이프라인을 함께 고민하길 바란다. 시작은 카페 하나만을 위한 시작이지만 다양한 수익 구조를 염두에 두고 시작하는 것과 그렇지 않은 것은 엄청난 차이를 보이게 될 것이다.

다시 한번 말하지만 카페 창업은 절대 카페 하나만을 위해서 시작하는 사업이 아니다. 수익을 만들 수 있는 파이프라인을 꼭 생각하고 카페 창업을 준비해야 한다. 카페 수익 이외의 수익을 만들기 위해 시작할 수 있는 가장 좋은 것이 '교육'이다.

원데이 클래스를 편성해서 운영해도 좋고, 정규 교육을 편성해서 운영해도 좋다. 교육을 진행할 때 유의해야 할 것은 반드시 '교

05

성공을 위한 카페 창업

VS

실패하지 않기 위한 카페 창업

많은 사람이 카페 창업을 준비하면서 '카페 창업하고 망하면 안 되는데.'라는 생각 때문에 다양한 방식으로 창업을 준비한다. 대부분 생각이 '실패하지 않기 위한 창업'이다. '실패하지 않기 위해' 뭔가를 배우려 하고, '실패하지 않기 위해' 상권 분석하고, '실패하지 않기 위해' 필요한 창업 준비를 한다. 온통 머릿속에는 '실패하지 않기 위한' 생각들로 가득 차 있다.

그런데 당신이 놓치고 있는 사실이 하나 있다. 이렇게 준비하는 당신은 이미 '실패를 위한 카페 창업'을 준비하고 있다는 사실이다. 성공을 위한 카페 창업을 준비하는 생각과 실패하지 않기 위한 카페 창업을 준비하는 생각은 정반대로 해야 한다.

실패하지 않기 위해 뭔가를 배워야 하다 보니 당신은 자격증을 배우게 되는 것이다. 실패하지 않기 위해 좀 더 안정적인 프랜차이즈를 생각하게 되고, 좀 더 안정적인 창업을 위해 카페 인수를 생각한다. 또한 좀 더 안정적인 창업을 위해 높은 권리금 및 임대료를 지급한다.

실패하지 않기 위한 창업을 준비하다 보니 결국에는 예상치 못한 비용들을 지출하게 되고, 창업하기까지 오랜 시간이 소요되며, 창업 후 결국 막대한 손실로 이어지는 것이다. 이런 결과를 초래하는 건 절대 이상하지 않다. 오히려 지극히 정상적인 결과라고 생각하면 된다. 이미 당신의 생각이 '실패'에 맞춰져 있기 때문이다.

그럼 '성공을 위한 카페 창업'을 하기 위해서는 어떻게 생각해야 할까? 성공을 위한 카페 창업을 생각하면 성공하기 위해 뭔가를 배우려 할 것이고, 성공하기 위해 상권 분석을 할 것이며, 성공하

디저트 신메뉴 개발을
준비하면서 알게 된
서울의 디저트 카페
'파티세리 후르츠'

기 위한 창업을 준비할 것이다. 당신의 생각은 온통 '성공'에 집중하게 된다. 성공에 집중한다는 말은 남들과 다른 방식으로 생각하고 남들과의 차별성을 생각하게 된다는 말이다.

성공하기 위해 뭔가를 배우려 한다면 가장 먼저 남들보다 더 맛있는 제품을 만들어 판매하고 싶을 것이다. 성공하기 위해 상권 분석을 한다면 고객이 좀 더 편하게 유입될 수 있는 환경을 찾게 될 것이고, 돈을 들여 고객을 유입시키는 것이 아니라 직접 마케팅을 진행하며 고객을 유입시키려고 할 것이다. 그러면 고객과의 소통이 진정한 마케팅이라는 걸 깨닫게 된다.

성공하기 위한 카페 창업을 준비하게 되면 자신의 역량도 키워야 한다는 사실을 알게 된다. 남들과 다른 경쟁력을 갖추기 위해 노력하게 되고 고객이 원하는 카페를 창업하게 될 것이다. 이렇게 준비하는 카페는 절대 망할 수 없다.

그런데도 많은 사람이 카페 창업을 실패하는 이유는 이미 생각이 실패에 맞춰진 상태로 준비하기 때문이다. 정말 중요한 것이 무엇인지 모르는 상태로 그저 남들과 똑같은 방식으로 창업을 준비하는 것이다.

이 모든 차이는 단 하나의 이유로 생긴다. 바로 '자신에게 하는 질문' 때문이다. 자기 자신에게 하는 질문을 생각해 보라. 카페 창업을 시작하려고 할 때 '어떻게 하면 실패하지 않을까?'라는 부정적인 질문을 했었는지, '어떻게 하면 성공할 수 있을까?'에 대한 긍정적인 질문을 했었는지!

이 질문 하나로 여러분들의 생각은 180도 달라질 것이며 모든 결과 또한 이 질문 하나로 나타나게 될 것이다. 질문을 바꿔라! 생각은 감정을 만들고, 감정은 행동을 만들며, 행동은 결과를 만든다. 여기에 빠져 있는 중요한 것 하나가 바로 '질문'이다. 어렸을 때부터 '답'만을 찾기 위한 교육을 받아온 탓이다.

"질문이 생각을 낳고, 생각은 감정을 낳고, 감정이 행동을 낳으며, 행동은 결과를 낳는다."

긍정적인 질문이 곧 당신이 바라는 긍정적인 결과를 불러오게 될 것이다. 실패가 아닌 성공에 대한 생각으로 카페 창업을 준비한다면 모든 시간은 당신에게 '성공 에너지'를 끌어다 줄 것이다.

학원 사업을 처음 시작할 때 나 또한 실패하지 않겠다는 마음이었다. 20년 동안 학원에서 일했기 때문에 지켜보는 눈이 많았다. 혹시라도 학원 사업을 시작하고 실패하게 되면 손가락질 받을 게 분명했다.

"20년 동안 학원에서 일하면서 도대체 뭘 한 거야?"

이런 말을 들을까 노심초사하며 절대 실패하면 안 된다는 강한 압박감이 있었다. 그래서 모든 시작에 '실패'라는 말이 붙었다. 실패하지 않기 위해서 매출해야 했고, 실패하지 않기 위해서 마케팅을 해야 했다. 실패하지 않기 위해서 일해야 했고, 실패하지 않기 위해 정성을 쏟아야 했다. 실패는 나의 성공을 방해하는 단어였다.

부와 성공에 관한 수많은 책을 읽으며 그들의 공통점을 찾고 싶었다. 부와 성공을 이룬 많은 사람들은 법칙이 있다고 말한다. 부와 성공을 이루는 것도 법칙을 알면 누구나 그렇게 될 수 있다고 말한다. 그래서 나는 그 법칙을 찾고 싶었다.

모두가 말하는 기본 법칙은 긍정적인 생각을 하는 것이다. 긍정적인 생각을 하기 위해서는 긍정적으로 질문하는 습관을 들여야 한다. 그때부터 나는 모든 생각을 실패에서 성공으로 바꾸었다.

성공하기 위해 일했고, 성공하기 위해 마케팅을 진행했다. 성공하기 위해서 매출하고, 성공하기 위해 모든 정성을 쏟았다. 그러자 많은 것들이 변하기 시작했다. 생각뿐 아니라 말 한마디가 얼마나 중요한지 깨닫게 된 계기가 되었다.

모든 사업이 그러하듯, 카페 창업을 준비하면서도 신경 쓸 게 많고 해야 할 일이 많을 것이다. 모든 일이 생각대로 척척 진행되면 좋겠지만 그렇지 못한 경우가 다반사다. 일, 사람, 돈 문제로 매일 스트레스 속에서 지내야 할 수도 있다. 하지만 모든 것은 당신의 질문으로부터 시작된다는 것을 기억했으면 좋겠다.

당신이 무의식적으로 되뇌는 질문이 지금의 현실을 만든 것이다. 그 사실을 깨닫게 되면 지금 당장 무엇을 해야 할지 알 수 있다. 질문을 바꾸는 것. 그 하나가 당신에게 엄청난 변화를 가져다줄 것이다.

부와 성공을 이룬 수많은 사람이

법칙에 대해 말해주고 있다.

모든 성공은 생각으로부터 시작된다.

실패에 대해 생각하면 실패의 씨앗을,

성공에 대해 생각하면

성공의 씨앗을 심는 것이다.

실패에 대한 염려와 걱정은

두려움으로 시작된다.

두려움은 믿음의 부재로 생겨난다.

그러니 자신을 믿어라.

믿음으로 두려움을 넘어서면

희망의 빛이 당신을 기다리고 있을 것이다.

부와 성공은 그렇게 당신에게 다가온다.

제과제빵기능사 자격증 VS 베이커리 실무 레시피 비교!

제과류 : 프레지에 (슈)				
구분	자격증		실무	
제누와즈	물	250	노른자	80
	버터	200	설탕A	37
	소금	2	흰자	65
	중력분	200	설탕B	51
	달걀	400	바닐라익스트렉	2
	커스터드크림	1000	꿀	18
			우유	25
			박력분	72
			버터	25
크렘파티시에르			노른자	45
			설탕	105
			박력분	30
			우유	350
			바닐라빈	1/4
무슬린크렘			크렘파티시에르	200
			고메버터	160
샹티			시럽 (설탕:물 1:2)	
			생크림	150
			설탕	12
			딸기	500

출처 : 퍼스트바리스타제과제빵학원 광주점 레시피1

제빵류 : 밤 식빵				
구분	자격증		실무	
	재료명	분량(g)	재료명	분량(g)
반죽	강력분	960	강력분	410
	중력분	260	설탕	16
	물	624	소금	8
	이스트	54	버터	62
	제빵개량제	12	이스트	15
	소금	24	동물성생크림	62
	설탕	144	연유	82
	버터	96	달걀	반
	탈지분유	36	우유	164
	달걀	120	물	82
밤조림			물	800
			설탕	480
			밤	1000
토핑	마가린	100	중력분	150
	설탕	60	탈지분유	5
	베이킹파우더	2	베이킹파우더	3
	달걀	60	소금	1
	중력분	100	설탕	80
	아몬드슬라이스	50	버터	75
	밤다이스(시럽제외)	420	땅콩버터	20
			물엿	15
			달걀 (풀어서, 흰자노른자)	15

출처 : 퍼스트바리스타제과제빵학원 광주점 레시피2

생각하고, 믿고, 행동하라 그리고 즐겨라

나는 힘들거나 해결해야 할 일이 생기면 책 속에서 답을 찾는 다. 그렇게 학원 사업을 시작하고 지난 3년 동안 100권이 넘는 책 을 읽었다. 대부분 사람이 힘든 순간에 직면하거나 해결해야 할 일이 생기면 거의 돈 문제인 경우가 많다.

인생을 살아가는데 아무리 돈이 중요한 게 아니라고 말하지만 결국 돈만 있으면 해결할 수 있는 것들이 많다. 그런데 평생을 살 아도 돈으로부터 해방되지 못하는 이유가 무엇일까? 모두가 잘 살고 싶고, 열심히 살고 있고, 악착같이 돈 모으며 살아가는데 여전히 수중에 가진 돈은 부족하다.

나 또한 학원을 운영하면서 돈 때문에 걱정한 날들이 많았다. 임대료, 인건비, 거래처, 생활비 등 사업을 하는데도 하루 벌어 하루 사는 듯한 기분이었다. 사업을 시작한 이유는 좀 더 나은 삶을 살고 싶어서였다.

사업하면 직장 다닐 때와 달리 돈과 시간으로부터 여유가 있을 거라고 생각했다. 그러나 사업은 사업대로 신경 쓰고 해결해야 할 것들이 많았다. 그중 가장 신경 쓰이는 일들은 대부분 돈 문제였다. 그래서 미친 듯이 책을 읽기 시작했다(지금은 잘한 선택이지만 사업을 시작하고 힘든 시기를 보내면서 처음으로 퇴사한 것을 후회한 적이 있었다).

대부분 부와 성공을 이룬 사람들은 자수성가한 사람들이다. 힘든 순간을 이겨내고 끊임없이 목표를 향해 나아가며 지금의 부와 성공을 이룬 사람들이다. 故 스티브 잡스와 마크 저커버그에 대한 일화는 너무 유명하다. 그리고 김승호 회장과 켈리 최, 백종원 대표 등 책이나 유튜브만 보더라도 얼마나 많은 사람들이 힘든 시기를 버티고 이겨내며 부와 성공을 거머쥐었는지 알 수 있다.

그래서 나는 배우고 싶었다. 그들의 마음가짐을 배우고 싶었고, 생각을 배우고 싶었다. 공통점이 무엇인지 찾고 싶었고, 따라 하고 싶었다. 그것만이 내가 힘든 순간을 이겨낼 수 있는 유일한 방법이라고 생각했기 때문이다. 그리고 마침내 그들의 공통점을 찾을 수 있었다.

내가 얻은 깨달음은, 부와 성공을 얻는 방법은 생각보다 단순하고 생각하던 것과는 다르지만 그동안 알고 있었던, 그런 복잡한 결과였다. 그래서 내가 할 수 있고, 해야만 하는 것들을 정리하기 시작했다. 정리가 거듭될수록 길이 보이기 시작했고 사업에 필요한 마음가짐과 생각을 정리할 수 있었다.

내가 마음가짐과 생각을 정리하며 깨달은 것은 크게 3가지다. 첫 번째는 이 책을 쓰면서 계속 강조했던 매출에 대한 중요성이다. 매출이 증가한다는 건 현금이 늘어난다는 의미다. 현금이 있어야 사업을 계속해서 영위해 나갈 수 있다.

나는 한때 이런 말을 많이 했다. "사업하는 사람들은 이 정도 빚은 다 가지고 있다.", "이 정도 빚 없이 사업하는 사람은 없다." 이 말은 사실에 가깝다. 개인사업자든, 법인사업자든 빚 한 푼 없이 사업하는 사람은 거의 없다.

하지만 이 말에는 너무나도 중요한 게 빠져 있다. 보유한 현금의 정도다. 사업이 망하는 이유는 빚이 많아서가 아니라 현금이 없어서다. 보유한 현금보다 빚이 적다면 괜찮지만 보유 현금보다 빚이 많으면 문제가 된다.

(대부분 우리는 눈에 보이는 대로 해석하며 사업하는 사람들은 누구나 빚이 있다고 생각한다. 100억을 가진 사람이 10억의 빚을 진 것과 1억을 가진 사람의 10억 빚은 완전히 다른 얘기다. 그런데 겉으로 보이는 모습만 보며 우리는 같은 10억 원의 빚이라고 생각한다.)

카페 창업 상담을 하면서 수익률 및 이익률에 관심 보이는 사람이 가끔 있다. 아직 사업은 시작도 안 했는데 수익률부터 계산한다. 나는 이런 생각에 절대 반대다. 1만 원 팔아서 7천 원이 남으면 수익률은 70%가 된다. 그런데 하루 매출이 1만 원이라면 어떻게 될까?

 먼저 안정적인 매출이 나올 때까지 매출 상승에 집중하길 바란다. 매출이 많아야 현금을 늘릴 수 있다. 현금이 있어야 뭐라도 할 수 있다. 매출이 안정되고 꾸준히 수익이 발생하면, 그때 수익률에 대해 고민해도 늦지 않다.

 두 번째는 인생과 사업이 다르지 않다는 것이다. 보통 인생을 롤러코스터에 비유하곤 한다. 올라가면 내려가고, 내려가면 올라가듯 인생도 굴곡이 있어서다. 사업도 마찬가지다. 이익이 많이 남을 때도 있고, 손실이 발생할 때도 있다.

 사업 잘하는 사업가를 보면 인생도 잘살고 있다는 걸 알 수 있다. 반대로 사업 못하는 사업가를 보면 인생도 별반 다르지 않다. 내가 이런 깨달음을 얻었을 때 정말 망치로 한 대 맞은 듯했다. 스스로도 충격이었고, 현실에 있는 내 모습이 이해되기도 했다.

 인생이든 사업이든 잘 만들어 가기 위해서는 분명한 목적이 있어야 한다. 목적 없이는 절대 좋은 결과를 만들어 낼 수 없다. 내가 학원을 운영하는 목적은 카페 창업을 위한 실무 교육을 위해서다. 가고자 하는 방향을 확고히 정하고부터 한 번도 길을 이탈한 적이 없다.

가끔은 한 번도 가보지 않은 길을 지나는 것처럼 막막할 때가 있었다. 그래도 묵묵히 지났다. 길이 없으면 만들면 된다고 생각했다. 내가 3년 동안 카페 창업 실무 학원으로 지금까지 운영할 수 있는 원동력이다.

당신이 카페 창업을 시작하려는 목적은 분명 돈을 벌기 위해서다. 다만 꼭 기억해야 할 것은 돈을 위한 창업이 되어서는 안 된다. 돈이 목적이 되어서는 안 된다는 말이다. 당신이 지금 생각하고 있는 돈의 위치를 옮겨라.

'돈을 벌기 위해 카페를 창업한다.'라고 생각하면 돈의 위치가 가장 앞에 있다. 이런 생각이 들면 즉시 돈의 위치를 두 번째로 옮기는 것이다. 예를 들면, '고객에게 맛있는 커피를 제공하고 돈을 번다.', '고객이 편하게 찾을 수 있는 카페를 창업해서 돈을 번다.' 와 같은 식이다.

이렇게 돈에 대한 생각을 두 번째 혹은 세 번째 위치로 옮겨 놓으면 흔들림 없이 목표를 향해 나아갈 수 있을 것이다.

인생을 살아감에 있어 목표의 중요성은 다들 알고 있다. 사업도 마찬가지다. 분명한 목표가 있어야 현재를 즐길 수 있다.

외식사업가 백종원은 "음식 사업을 하고 있지만 맹세하건데 돈을 벌기 위해 만드는 게 아니라, 좋은 음식을 어떻게 싸게 즐길 수 있을까라는 고민을 하고 있습니다."라고 말했다. 역시 돈의 위치는 목표 뒤에 놓여 있다. 성공하는 데는 분명한 이유가 있다.

한 번 시도해 봐도 좋다. 이 단순한 성공 공식의 효과를 알게 되면 부와 성공이 그리 어렵지만은 않다는 걸 알게 될 것이다(내가 복잡하게 얻은 결론을 정리하며 깨달은 부와 성공을 얻을 수 있는 핵심이 바로 이것이다).

세 번째는 누구나 부와 성공을 얻을 수 있다는 것이다. 부를 창출하고 싶다면 부자에게 배우면 된다. 성공하고 싶다면 성공한 사람에게 배우면 된다. 그런 면에서 나는 부자도 아니고 성공한 사람도 아니다. 그럼에도 누구나 부와 성공을 얻을 수 있다고 말하고 있다.

세계적인 베스트 셀러이자 기업인인 밥 프록터는 자신에게 중요한 책으로, 나폴레온 힐의 『생각하라 그리고 부자가 되어라』를 꼽았다. 성공 철학의 신화가 된 책으로, 많은 이에게 엄청난 영감을 준 것은 물론 밥 프록터의 삶에도 지대한 영향을 미쳤다. 이 책에서 힐은 성공과 부에 대해 깊이 있게 파고들어 이야기하지만, 정작 돈에 대해서는 별로 말하지 않는다. 이와 비슷한 책은 또 있다. 바로 로버트 러셀의 『이제 나는 부자다』이다. 이 책도 부에 대해 말하지만 역시 돈에 대한 언급은 많지 않다.

이쯤에서 당신이 감을 잡았기를 바란다. 부를 창출하는 열쇠 중 하나는, 돈이 목표가 아님을 이해하는 것이다. 몇 번이나 강조해도 지나치지 않는다. 성공하기 위해서 돈이 목표가 되어서는 안 된다.

『부의 원리』에서 밥 프록터는 "부와 상관있는 것은 마음가짐, 태도, 그리고 생각하는 방식이다."라고 말했다. 이 말을 주의 깊게 읽길 바란다. 부를 창출하기 위해서는 마음가짐, 태도, 그리고 어떻게 생각하느냐가 중요하다.

당신에게 이 사실을 말해주고 싶다. 지금 어디에서, 어떤 모습으로, 무엇을 하든 이미 당신은 인생이라는 사업체를 운영하고 있다. 매일 인생이라는 사업체를 운영하면서 얻는 것이 많은지, 잃는 것이 많은지 생각해 보라. 아마도 대부분 잃는 게 많을 것이다. 그래서 현재의 모습으로 살고 있을 테니 말이다.

모든 사업이 그러하듯 카페 창업을 준비하는 순간부터 온통 정신은 카페에 집중하게 된다. 하지만 아무리 카페에 온 정신을 집중한다 해도 이미 결과는 정해져 있다. 당신이 얻는 결과는 집중하며 생각하는 바로 그것이다.

세상에는 크게 3가지 일로 이루어져 있다고 한다. 내가 할 수 있는 일, 남이 할 수 있는 일, 그리고 하늘이 할 수 있는 일이다. 내가 할 수 있는 일에만 집중하자. 내가 할 수 없고, 심지어 하늘이 할 수 있는 일에 집중해 봐야 시간 낭비고 체력 낭비다.

바리스타 및 제과제빵을 배우는 목적은 학문을 위한 것이 아니다. 즉시 판매 가능한 제품을 만들어 돈을 버는 게 목적이다. 절대 목적성을 잃지 말기를 당부한다.

마지막으로 이 책의 사연에 대해서 말하고 마칠까 한다. 카페 창업 실무 학원을 운영하며 좀 더 많은 사람에게 도움 되길 바라는 마음으로 이 책을 썼다. 책을 쓰면서도 출간할 수 있을까 염려스러웠다. 다른 원고를 투고했다가 모든 출판사로부터 거절을 당한 적이 있어서다.

하지만 지난번과는 달리 이 책의 목적은 분명했다. 많은 사람이 카페 창업으로 실패하는 이유를 알리고 싶었다. 누구라도 이 책을 읽고 나면 우리 학원 수강생과 비슷한 마음가짐으로 카페 창업을 준비할 수 있을 것이라고 생각했다.

그렇게 원고를 정리하고 오전 9시쯤 투고했다. 그리고 점심시간쯤 되어서 출판사로부터 연락이 왔다. 지금 이 책을 출간할 수 있도록 도와준 미다스북스다. 나는 너무 놀랐다. 모든 출판사로부터 거절된 이력이 있어 염려했는데 출간 기회를 얻어 감사할 따름이다.

그런데 놀라운 사실은 따로 있다. 2023년을 시작하면서 상반기 내에 책을 출간한다는 목표를 기록한 적이 있다. 목표를 이루기 위해 매일 조금씩 글을 썼다. 그러다 상반기 마지막 달인 6월이 지나기 직전 미다스북스와 출판 계약을 체결한 것이다.

이루고 싶은 걸 무의식에 각인시키는 방법은 다양하다. 그중 직접 기록하는 것만큼 효과적인 건 없는 듯하다. 아직도 내 노트에는 11가지 목표가 남아 있다. 그리고 그 목표 또한 모두 이루어질 것이다.

보이지 않는 것이 하나둘씩 이루어지는 걸 경험하면서 눈에 보이는 것보다 보이지 않는 것에 대한 강한 믿음이 생겼다. 밥 프록터가 말한 마음가짐, 태도, 생각은 볼 수도 만질 수도 없다. 하지만 그것이 인생을 바꿀 수 있다면 속는 셈 치고 믿어 봐도 되지 않을까 생각한다.

사업과 인생은 같다. 인생이 그러하듯 사업에도 적용해 보면 어떨까. 카페 창업으로 성공한다는 긍정적인 믿음, 믿음이 변하지 않도록 의식적으로 확인할 수 있는 태도, 그리고 이런 마음을 꾸준히 유지할 수 있는 반복된 습관. 그러면 자신의 의지와 상관없이 하늘이 그 뜻을 이뤄줄지도 모른다.

다시 한번 세상에 하고픈 말을 전할 수 있도록 출간 기회를 허락해 주신 미다스북스 관계자분들께 깊은 감사의 말씀을 전하고 싶다.

그리고 책의 처음과 끝이 완성될 수 있도록 도움 주신 10,000명의 상담자와 3,000명의 수료생분들에게 깊은 감사의 말씀을 전하고 싶다. 그리고 학원의 모든 임직원을 포함하여 지금도 성공적인 카페 창업을 위해 학원에서 수강 중인 모든 수강생에게 깊은 감사의 말씀을 전한다. 이 책이 완성될 수 있도록 곁에서 묵묵히 응원해 준 사랑하는 윤희, 서울에서 아들의 성공을 항상 응원해 주시는 어머니, 그리고 아들의 이름이 세상에 알려지는 것을 하늘에서 보고 계실 보고 싶은 아버지께 이 책을 바친다.